加藤浩

席亭志願《せきていしがん》、ふたたび

彩流社

目次

はじめに

日本全国、どこでも、北から南まで、ほんとうに列島の隅々まで、いまでは毎日のように落語会が花盛りです。それはすべて同じではありません。ある時期から急に増えた落語会ですが、やはり素人のやっている悲しさからか、その大部分は、すぐに淘汰されてしまいました。ただ落語が好きだから、落語家さんと親しくしたいから、一度落語会をやってみたかったからというだけの落語会はいつの間にか、自然と消えていきました。

いま、続いている落語会はそれなりにお客さまにも高く評価されている会ばかりです。それは主催者がアマチュアの人たちのものだけではありません。プロの落語会を主催する人たちも、そこでの評価がはっきりと分かれてきました。お客さまが入っている会と、まったく入っていない会がはっきりしています。確かに、落語会の数が以前に比べて、驚くほど多くなってもいます。お客さまが落語会を選ぶことができるのはいいことですが、プロがやっているのか、たんに趣味で落語会をやっているのか、そこには大きな違いがあります。わたし自身が主催する会も、今では、もう半端な数ではなくなりました。ほぼ毎日のように、何らかの落語会に関わっています。それは自分でも驚くほどの落語会の数になりました。

そこでは何が違うのかとよくみなさんに訊かれます。わたしがやっている落語会がひと味違うとか、少しばかり癖があるとか言われます。これまで自分では、そんなことは考えたこともありませんでした。そこに、今後の落語会に対する重要な鍵があるのではないかと思うのでしょう。

落語がある時期はブームだといわれました。ブームには当然、終わりがあります。落語会も次第に淘汰され、お客さまの入る会とそうでもない会と極端に分かれてきました。そこには当然、理由があるはずです。かつては、落語会だったら、どんな会でもお客さまが入っていました。だからブームだったのです。バブルだったのです。そうした時期は長くは続かなかったのです。そうなることはわかっていました。それでも、落語会は日々、かなりの数、行われています。週末になるとその数はさらに増えます。落語ブームが去ったといわれる今でも、そうした落語会を主催している人たちは全国に、かなりの人数います。

先日、気になってその前の月に、自分がどのくらい落語会をやっていたのか、数えたことがありました。頼まれて、チケットを売っているものも含めると、月に二十三本やっていました。一日に三つという日もありました。どうして、これほどまでやっている落語会が増えたのか自分でも不思議になりました。自分の性格上、頼まれると断れない、というのもあります。困っている人を助けたいという気持ちは、わたしにはまったくありません。ただ、落語会をつくるプロセスが好きなだけで、ものを頼まれるとほとんど断ることはありません。

それよりも何よりも、落語が好きだからなのでしょう。落語に携わっているのも好きなのです。それでも、何でもやればいいとは思っていません。こうして何かにかかわって、落語のことを話したり、書いたりすることで、落語会を通じてこれまでの自分を振り返り、これからの落語会についても考える良い機会になりました。

先の『席亭志願』の本が出たときには、「加藤浩さんの本」「加藤浩さんの人柄がよくわかった」と言われました。それからです、落語会で、知らない人にもよく声をかけられるようになりました。その本には、他にも落語会を主催している人がたくさん出ているのですが、どうもわたしのことが一番印象に残るのか、そう言われました。

そのときには、いろいろなことを取材で、話をしました。だから、そのときの自分の気持ちはすべて話したつもりでした。でも、そのときから少し時間も経過して、落語会の事情も変わってきたということもあります。当然、そのときに、話し足りないことも出てきました。だから、この機会にもう一度、落語について、整理しなおしておこうと思ったということでもあります。それで、この本を書くことを思い立ちました。

書き残しておかないといけないことがあります。それは、落語会が生きもので、日々変わってきているからです。それに、自分に続く人たちにも知っておいてもらわないといけないこともあります。われわれは、ただ落語会をやればいいわけではないのです。

第一章　歌は世に連れ、落語会は……

いま、東京の落語界は、どちらかといえば、若手、二ツ目にスポットライトが当たっています。だから、じつに元気に見えます。演藝の情報誌「東京かわら版」を見ていると、毎日十箇所以上で、落語会が行われています。そうした落語会は、客席が二十から三十席といった、こぢんまりとした場所で行われていますが、かつては、そうした場所は前座さんが勉強する場所という感じでしたが、いまでは二ツ目さんの会が多くなって、わたしもよく駆り出されています。

これは、ご贔屓《ひいき》のお客さまが、まさに手の届くような近さの高座だからいいということだけでなく、打ち上げまで付いていているというサービスがお客さまにはどうも、お気に入りのようです。それはまるで、かつての人気グループＡＫＢ48が出てきたころと同じような感じですかねえ。イベントで、本人との握手会があったりといったような。

まず、落語を聴きに来るというのではなく、噺家さん自身に会いに来るというような感じなのでしょうか。

その反動なのか、老舗落語会やホール落語会といった会にお客さまが入らなくなっているのです。それと、独演会のお客さまは減っていないという傾向があるようです。ひとりの噺家さんを追いかけるお客さまが多くなってきているようです。

そうした会の様子を見ているとこれまでの、伝承藝である落語をのんびりと楽しむというよりも、とにかく刺激を求めて落語会に来るというように思えます。特に若手の噺家さんも、刺激的な高座が受けていることがわかり、さらに過激になっています。お客さまも刺激を求めているのです。

これまで落語というのは、刺激にはまったく縁のないものでした。この刺激という部分では、落語というのは、あらゆるエンタメのなかでは、まったく劣るものでした。それが最近の落語界では、その刺激を実際に、どれだけ与えることができるかで、お客さまが喜ぶという不思議なことになっています。実際に、そういう噺家さんが売れているのです。

まあ、これは好みの問題ですが、わたしが好きな噺家さんは、古風でどちらかというと地味な方です。

目立つところも、刺激的なところもなく、どちらかというと、もの足りないということになるのかもしれません。それでも落語の神様は、いつも「落語という藝能を忠実に演じると、聴くほうは、まあ特にいまのお客さまはもの足りなくなってくるだろう。刺激も感動もないそんな平素なところに、落語の本質があるんだよな」と、おっしゃるのです。どの藝能でも、本質を追究していくと、奥の深いものです。

どうしてこれほどの数の落語会をやるようになったのだろう。それはいったいいつからだろう。これほど落語会が増えてきたのは、それが自分でもよくわからない。気づいたら、もうこれほどの数の落語会をやっていました。

わたしのスケジュール帳を見てもらうとわかるけど、毎日のように落語会をやっています。自分のところの落語会と他の会を手伝ったもので、相当な数になります。宣伝やチケット販売だけを手伝っているものもあるから、実際に関係する落語会の数は、もっともっと増えます。頼まれたら、断れないから。こんなことはこれまでになかったことです。これだけの数、落語会をやっていれば、忙しいのはわかる。休みがないのは、当然だなあ……。

いつからこんなことになってしまったのか。

《落語会を主催している加藤浩さんは、最初は、若手の落語家を呼んで、当時、住んでいた東京都練馬区の自宅マンションで、自分の知り合いを中心に落語会を始めた。それが加藤さんの落語会のはじまりだった。その後、集会場だったり、銭湯の二階だったりと落語会の会場が変わっていった。》

落語会の前日には、出ていただく落語家さんに必ず電話をします。これまで、お願いした落語家さんが忘れていたことはありませんでしたが、確認の意味もあります。

電話では、長く話をするわけではなく、「明日、よろしくお願いします」と、挨拶をします。こちらから落語家さんに電話するのは、会は予定どおりで、間違いがないかを確認するためです。若い落語家さんからは、こちらが電話する前に、必ず、昼前後にかかってくることが多いです。しっかりとした師匠に育てられた一門の落語家さんは必ず、そうですね。そうしたことは、厳しく躾《しつ》けられていますから。そのことだけで、落語家さんとしての資質はよくわかります。

そのときに、過去のネタ帳もファックス送信します。わたしのやる会はネタ出しをしていない会がほとんどですから、前回の会では何をやったのか思い出してもらうためです。

落語会の当日は、いつものように神棚に挨拶をします。そして、その日に使うめくりを確認する。めくりは、前の日に用意すると忘れてしまうので、必ず、当日の朝、用意することにしています。それで、「きょうは太鼓ね」って、持っていくもののなかに、太鼓があるかどうかを必ず確認します。

前日には、プログラムとチラシをすべて用意しているので、それはいい。落語会のチラシは八割くらい、挟み込みをして、すでに前日に用意しておきます。いつから落語会のチラシがこれほど多くなったのだろう。最近は落語会でも、多くのチラシが入っています。どの落語会も、自分のところの落語会を告知するには、こうしたチラシが一番有効で、効果があることがわかっているのだろう。最終的には、会場に行って、その日のすべてが完成します。当日、落語会の会場にチラシを持ってくる主催者もいますからね。わたしはこれができない。根が怠慢なのか、よその会にチラシを入れには行かない。「東京かわら版」をチェックして、会の主催者に頼んで入れてもらう。「面倒臭い」で終わり。これはいまだに治らないです。

重要なことは、必ず次回のチケットの用意をすること。これは重要です。ここが勝負どころ。一番売れます。ということは、次回の日程をこの時点で決めておかないといけないということです。そこでは何のチケットを売るのか、何枚売るか、というのも考えておきます。というのも、チケットを売るときに、すべてを売ってしまわないためです。翌日、電話で申し込んでくるお客さまもいるので、その分は確保しておきます。お客さまはよく知ってますから、このあたりの案配が難しいのです。メール、電話、会場での先行発売、とにかく公平にやることが大事です。ウチみたいなアナログ商売は、ここのところがアキレス腱、いい加減ですから。このいい加減がウチの売りでもありますが……と逃げ道をつくる。しかし、お客さまはシビアですから、なかなか許してくれません。ブログやSNSなんかで叩かれたりするのでうs。

当日にお渡しするプログラム、以前は凝っていました。挨拶文、ほんの短い三、四行の、これが難しい。長文は簡単、短いのが難しい。皮肉っぽいのを書いてました。お客さまがフィードバックをしてくれる。「あれは野暮だよ」「あそこまで書かなくていい」「ひと言余分なんだよ」と言われること言われること。このコメント、当日の朝いちばんで書きます。鮮度が落ちないように。

落語会の前はものすごく緊張します。それはいつまでたっても同じです。この緊張感がなくなったら駄目ですよね。きょう、無事に終わるといいがとか、事故にならないようにとか、間違ってチケットを売っていないかどうかとか心配は尽きないです。

前日から、席を合わせる。せっかく見に来てくれたお客さまの席がないとどうにもならないですからね。これまでのところ、そうした席に関する事故はありませんが、心配は尽きないです。そうしたことがすべて、惰性になってくると駄目だと思っています。落語会をこんなにやっていても、毎回緊張しています。慣れは恐ろしいですね。物事万事、慣れたらうまくできるようになるというのであれば、年寄りは全員、人生の達人になっているはずですよね。ところが、豈図《あにはか》らんや、わたしの人生の師と呼んでいる老人、この方、落語鑑賞歴六十年。長けりゃいいってもんじゃないが、この老人の言葉に「ものごとに慣れたら慣れた味があり、慣れてないうちは慣れてない味がある」というのがあって、これ、いい表現ですね。わたしの大好きな言葉です。慣れれば慣れるほど、ふてぶてしい人もいるし、鈍感になる人もいるし、上手になる人もいます。結局、慣れるということと、うまくいくかどうかは関係のないこと。わたしの落語会運営の根本がこの考えなんです。

自分では、寄席をやることが天職だと思っています。落語会を月に一度やっている人は、それに向かってやっていく。いまは、毎日毎日が落語会で、休みもないですからね。こうやって、やっているとと惰性になりそうですが、それはないですね。二十年近くやっていて、十数年前からだんだんエスカレートしてきて、いまにいたっています。月に一回の落語会からはじまり、週に一回となり、さらに、ほぼ毎日やっていますからねえ。だんだんと寄席に近づいているのかもしれません。やっていることはもっとたいへんです。計算すると、わたしの収入は、四十代、五十代のサラリーマンと同じくらいでしょう。儲かりませんね。

これまでとは、チケットの予約も変わりました。

いままでは圧倒的に、メールでの申し込みが多いです。時代の流れでしょう。予約は午前九時にスタートして、人気のある落語会の受け付けは、ものの十分で終わります。年齢の高い人は、メールではなく、直接、電話で申し込んできます。それも九時ちょうどに電話がきます。それはメールが一斉に届くからです。チケットの予約は、電話でも受け付けていますが、電話の人は正直にやるけど、だから数人でもう終わり。メールの受け付けのほうが早いから、仕方がない。電話は、年配の人が多いです。時代が変わってきていますね。電話対応、メール対応、アナログな仕事の対応ですが、この仕分けの順番に情を入れた絶妙な対応はわれながら「神」だと思っています。さきほども言ったように、お客さまはほんとうによく見てますので、デリケートでシビア、この手綱さばきをひとつ間違えると叩かれるし、この商売の終焉となります、少し大袈裟ですが。

この商売が順調になり始めたころ、わたしの落語鑑賞日数、つまり寄席、落語会に行く頻度が大幅に減少してきました。わたしはよく「落語なんてあんなもの、年に二、三回、それも時間が空いたとき、たまにふらっと行くもの。落語なんてあってもなくてもかまわないとされる藝能」とお客さまに言っております。落語を生業にしているわたしが言っているのは矛盾がありますが、そんなあんなものと言われる落語が好きなんです。ただ、生業にしている人は、落語を聴かないとダメですね。自分の主催する以外の落語会や寄席に通っている落語会主催者を知っていますが、これは頭が下がる。よく勉強されていますし、「いま」を見ています。落語界にいま起きている事実を見る。演者、観客、場、起きていることのすべてを。事実を事実として見る練習をわたしたちはしていません。なかなかわたしにはできません。わかっている主催者は、見なくても見ています。わかっていない人は、見ていても見ていない。わかっている人というのは、起きていることの本質を見ているから、起きていることにいちいち惑わされないんですね。ちゃんとした番組をつくってきますし、お客さまに筋のとおったコンセプトを見せながら、自信をもって番組を提案してきます。お客さまはこれがわかるんですね。見破るのが早い。チラシを撒いて宣伝しても見向きもしない。席亭が勉強している会は出演メンバーの善し悪しに関係なく、よく入っています。

　演藝専門誌の「東京かわら版」を読んでいると、いま流行っている落語家はすぐにわかるものです。誰がどんな会をやっているかはわかります。噺家さんは、ただそれだけの会だけをやっているわけではないが、売れているかどうかはすぐにわかる。そう、その落語会がうまくいっているかどうかは、それだけでわかるものです。

《東京かわら版》落語界などの専門誌。以前、加藤さんはよく「東京かわら版さえ見ていれば、誰が流行っているか、どんな落語会が行われているか、全てが把握できる」と、話していた。かわら版には、毎日の落語会の情報をはじめ、落語家の出演する情報が網羅されているが、なかには小さな会で掲載されていない会もある。かつては、そうしたことを言っていたが、いまでは違う。落語会をよく見ている人に加藤さんは「見とかないといけない落語会はありますか」と、必ず、会う人ごとに訊くことにしているという。そうした情報収集が重要になってきている。だから、いまでは、「かわら版さえ見ていればわかる」ということは、言わなくなっている。》

わたしは電話で相手の名前を聞けば、すぐに、どこの誰かがわかります。

「オフィスエムズでございます。お名前をお願いします」

「〇〇です」

「はい、郵便でお届けします」

普通の人だったら、こうしたやり取りだけで、五分かかるでしょう。わたしは名前を聞いただけで、どこの誰かがすぐにわかります。

千葉の緑区おゆみ野、と聞いたら、もう相手が誰かわかります。普通なら、郵便番号から聞きますから、時間がかかる。顔がわかるまで、さらに年月がかかる。顔も覚えました。ときには誰だったっけ、という人もいます。それぞれが好きな席があるのです。通路側が好きな人、前のほうが好きな人と、お客さまによって、さまざまな好みがあります。

頭のなかのリストは、こないだ調べたら、着信の履歴と同じように五百から六百ありました。

ある落語会のときに受付にいて、「向こうから来る人の住所を言うからね」と、言ったことがありました。

「川崎市高津区の○○さん」

「世田谷区祖師ヶ谷大蔵の○○さん」

「○○」

「○○」

みんな、大笑いでした。「嘘かまことか……」と、みんな思っているようですが、実際にそのとおりです。間違っていません。

「三鷹市上連雀の○○さん」

どうして、そうしたことを覚えているのか、不思議でしょうが、お客さまのことに興味があるからです。三百人くらいのお客さまの住所を把握しています。これはすごいですよね。あまり自慢にはなりませんが。

お客さまのご住所は守秘義務があるので大きな声では言えませんが、まあ話半分ということで。

それともうひとつ、客席を見れば誰の独演会かということがわかります。お客さまの好みにはすごく幅があります。同じ落語という商品でも飲料品と同様で、日本酒、抹茶から、ジュース、ストロベリーシェイクまでさまざま。好みはバラバラ。掛け持ちでファンという人もおりますが、まずバラバラ。ウチのお客さまで、柳家小満ん師匠と三遊亭白鳥師匠の贔屓という方がいますが、わたしはこの人のことをたいへん尊敬しています。生き方もバランスがいいでしょうし、たぶん、懐の大きい人でしょう。この人を見て、かくありたいと個人的に思います。

落語家さんは、容姿が大切ですよね。女性受けする人は、良いですよ。落語会をするときには、やはり女性客ですよね。落語会でお客さまの六割か七割が女性だったら、それは成功。もうそれだけで、「勝負あった」ということになります。その落語家さんは、お客さまを呼べるということになります。お客さまを呼べるということはもう、それだけで、自分を確立したことになります。どんなに藝が良くても、お客さまを呼べないと落語家さんは評価されません。

お客さまからチケットの注文が来ると、このお客さまはどんな落語会を望んでいるのかを予想して、その人に合った落語会のチラシも一緒に同封します。それはほとんど間違っていないと思います。どんな落語会に興味があるのか。だから、人によって入っているチラシが違っています。そういう匂いがするのです。わたしには、その人がどんな落語会に興味があるかがわかる。みんな同じではない。

間違っていませんが、なかには怒る人もいます。どうして、こんなチラシを入れるのかと怒ってわざわざ言ってくる。わたしもよく怒ります。お客さまともやり合います。暴言も吐きます。この商売で何回も電話先のお客さまと喧嘩しました。いい歳をして、わたしは未熟なんですね、黙っていられない。

これはわたしのことですが、怒っている人は怒る材料を探して生きています。常に怒っています。もちろん、外面的にはその素振りは見せません。それはいいのですが、問題はほんとうは何に対して怒っているのかを見る必要があるのです。これは生涯わからない。これが人生です。気がつかないまま死んでいくのでしょう。

ある企業がやっている落語会のアドバイザーみたいな役目から手を引くことにしました。この企業には、落語会運営のわたしのスキルをすべて提供しました。もはや潮時とみて手を引きました。先方の担当者が落語にはまったく興味がなかったということもありますが、どうやら社命でまわってきた仕事だったようで、もちろん会社組織ではすべてそうですが、かわいそうなほど嫌々、仕事をしていました。

わたしは元来、仕事が嫌いです。だから、その人のことがよくわかります。主催者に落語に対する愛というか興味がないと難しいです。この人に言わせれば大きなお世話なのでしょうが。

いまの東京の落語会に来るお客さまの数は横ばい状態のようです。

ホール落語ももう頭打ちだといいます。そういう声をよく聞きます。新聞社の老舗の落語会やテレビ局の有名な落語会も、お客さまは頭打ちで、横ばいだそうです。増えてはいないといいます。お目当ての落語家が出る会は別です。そのために見に行く。東西で、約七百人以上いるといわれる落語家さんでも、お客さまが入るのは限られた人だけで、なかでも小三治師匠、小朝師匠、志の輔師匠、談春師匠といったように、そうした駒は限られています。

ホール落語のメンバーは限られています。基本的にホール落語に出演する落語家は、お客さまを呼べる人だけです。寄席もそうですが、お客さまを呼べるかどうかが一番の基本となります。お客さまも、ただ横に動いているだけです。高座の落語家も同じで、ただ横に動いているだけです。

ホール落語のメンバーも悪くない。それでも、五人が出るなら、狙う落語家がトリでたっぷりやらないと、いまのお客さまは行かないという風潮にあります。逆に深夜寄席や早朝寄席に来るお客さまは増えています。お客さまもそうしたことに敏感です。そうした落語会は、若手の落語家がつくり上げるものです。落語家さんが自分で動いて、会を運営する。そうした落語会は、落語家が自分で勉強して、仲間と高座で火花を散らして、落語会をつくり上げる。繁華街の深夜、フラっと行けて、ワンコイン、お客さまが押しかけてくる要素がそろっています。事実、入っています。活気があっていいですね。


《いまはもうない虎ノ門のある書店に行った。入口のすぐのところに、落語をはじめとした古典藝能の本棚があった。そこの上のほうには、かつて出版された本が置かれていた。新刊書店だったが、すでに日に焼けて、表紙の色が変わっていた。いつから置いていているのかと思えるような状態だった。売り場があり、本が充実しているのはいい。それでも、売れないのだろう。古本屋だったらそれでもいいかもしれない。新刊書店でこれだから、いまの落語の置かれた状態がわかろうというものだ。

いつも気になって、その前を通るときには、必ず寄っては、そのコーナーを見ていた。あるとき、急に閉店した。そういえば、いつ行っても、そのコーナーを見ている人がいたことはなかった。落語の本もなかなかたいへんなようだ。》

柳家権太楼師匠がわたしに、よく言うことがあります。

権太楼師匠が、池袋演藝場で日曜日の朝に行なっている「朝のおさらい会」が一番で、次にうちのオフィスエムズの「三昧」だと。「手を抜けないからね」と、権太楼師匠が言うのです。柳家さん喬師匠なら「十八番」だったりとか、それぞれの落語家さんは、力が入る落語会があります。

わたしのやっている「長講三人の会」という、権太楼師匠、さん喬師匠、昔昔亭桃太郎師匠のやっている会も、自分で言うのも何ですが良い会だと思います。「中トロの美味しいところばかりを食べないで稲荷寿司も食べてくださいよ」と言い続けました。中トロが良いというのもわかりますが、稲荷寿司がダメと言われると癪にさわる。稲荷寿司やバッテラなんかそれぞれがいいのであって、トロと比べてダメと言われると、ちょっと反抗したくなる。「長講三人の会」はぜひともお客さまに来てほしい会ですが、ひと味違う会なんですよ、これは。出されたメニュー、好き嫌いは別にして食べてほしい。そんな会なんですが、なかなか伝わりません。

権太楼師匠に思ったよりお客さまが入らないので相談したら、「桃さん(昔昔亭桃太郎師匠)の落語は素人にはわからない」と、ひと言。うまくいかない会というのはモチベーションを維持するのがたいへんです。うまくいっている会にはあまり興味がなく、人が入らない赤字の会だとますますやる気が出てくる。性分なのでしょう。でも、こうやって戦ってきますと、やはり疲れてきますね。

若い落語家さんの会もそうです。こぢんまりとした、お客さまが三十人ほどの会です。お客さまが少ないのも、気分が良いです。若い人が一生懸命だから。そういう小さな会にも、お客さまは来ています。神保町の古書店のビルにある落語会の会場に、初めて行ったときには、「こんなに小さなところでほんとうに落語会をやるのか?」と思ったものです。「こんなに狭いところで大丈夫なのかな」と勝手に心配しました。会場は三十人も入れば、満席になるくらいの小さいところです。「お客さまが押し寄せたら、どう断ればいいのだろうか」と勝手に考えたこともあります。それが続けていると、違ってきた。三十人の規模のところでは、それだけしかお客さまは来ないのです。断ってもひとりかふたりだった。こちらが心配することはなかった。不思議なもので、百人規模のところでやると、それくらいしかお客さまは来ないのです。日本橋亭でやったときも、大勢が押し寄せたら、どう断ろうかと考えたがやはり断るのは、ひとりかふたりでした。不思議だけど、そんなものです。

研精会も以前、国立演藝場でやっていて、随時二百人から二百五十人、会を始めた稲葉守治さんの全盛期は三百人、大入りで三百五十人も入れてしまって始末書を書かされました。この研精会は、国立演藝場がとれなかったとき、お江戸日本橋亭でやって、会場に入りきれない二百人をどうやってお返ししようかと考えていたら、日本橋亭でやると百人しか来ない。こういうもんです。キャパに合った人数しか来なくなるんですね。三十人キャパでやると、それが習慣になって三十人以上の集客ができなくなる。やはり習慣というものは恐ろしいですね。

《よく言われるのは、落語家さんには五十人の壁があり、百人の壁、そして二百人、三百人の壁があるのだという。そのときそのときで、呼べるお客さまの数が決まっているのだ。それは落語会を主催する人にもいえることで、それぞれのお客さまを集める壁がある。》

小さい会場のことでいえば、昔、中学生のとき、名古屋で実力のある落語家の会を小さな会場で見ていたときのことを思い出しました。そこは名演小劇場でした。かつては演劇の小屋で、いまは映画くらい上映しているかと思います。林家（八代目正蔵）や小三治師匠、上方だと米朝、小文枝師匠、先のつば女師匠が「小きんを楽しむ会」を定期的にやってました。「有名な落語家さんも、こんな小さなところでやるのか」と驚いたものです。そこは小さな小屋で、そこにいるのはわずかの客でした。とても贅沢な空間です。自分の落語会の原点もそういうところだったのです。

少ない人数の会は、お客さまに選ばれて、落語家の彼らにも選ばれた会です。お客さまが少ない場所での落語会が駄目なわけではないのです。規模だけが何かを決めるわけではない。そうした小さな場所で落語会をやりはじめて、自分が席亭だったことを思い出しました。そういうところが自分の原点でした。それを思い出させてくれました。自分も小さな落語会から始めました。かつてやっていた練馬の自宅マンションや銭湯の二階での落語会を思い出しました。「席亭になった気分」を思い出させてくれました。「落語は本来、少人数で楽しむもの」ということを思いださせてくれました。そういう小さな小屋だと、ほんとうに少人数で落語家を独占できるのです。しかし、小さな規模だと、収益も限られます。大きなホールで、お客さまも入ると、商売として成り立ちます。小さなところで、お客さまが入らないと、経営としてはたいへんです。それでも我慢しなければいけない。いまはうまくいっているから、そうした会もできます。

いつの間にか、わたし自身のやる落語会の回数が増えていました。大きな会と小さな会、そのバランスもうまくいっていました。ただ単に、回数が増えただけではなかった。「加藤さん、楽しみだね」と、言ってくれる人もいます。「楽しみが増えた」とか「やっとエムズらしい会ができた」とか。かつてのオフィスエムズを知っている人たちは楽しみにしてくれていま す。

自分でも我慢強いから、続けると思います。そうした小さなところでやると、また「これがやりたかったんだ」と、思い出させてくれました。ただ、自分も喰っていかないといけないので、それだけやっていればいいというのはありません。

落語家の出囃子の違いなどは、祖父に教わりました。実際に寄席で、生の音を聴いて覚えました。そのころから、めくりや座布団の寄席の世界に憧れていました。それで落語会をはじめたようなものでした。だから最初、練馬のマンションで落語会を始めたときには、そうした世界を自分で作って、うっとりとしていました。いまは落語会の数が多くなりすぎています。そんなことをいっても、自分にもその責任のひとつはあるのです。いろいろな人ふたりだけをくっつけて、やっているだけだと、そこには意味はありません。自分も昔は、そうしてやっていました。

最初、落語会をやり始めたときには、直接、落語家さんにいろいろと言うのは、怖かった。それからです、師匠格の落語家さんたちが、「うちの弟子がお世話になっています」と、話しかけてくれるようになりました。権太楼師匠は、そうしたときのわたしのことを、もう見ていられなかったのでしょう。いくら小さな落語会でも、お金は出ていく一方で、儲けてはいないことがわかっていただろうから。

昔昔亭桃太郎師匠もそうでした。あいつのところはたいへんだという噂が、落語界を駆け巡っていたのだろう。当時、寄席にも勤めていましたが、その片手間のようにやっていた自分のやる落語会で儲けていないとみんながわかっていたので、誰もが見て見ぬ振りをしてくれていました。浅草演藝ホールには、六、七年勤めました。

いまでも、当時の寄席の正月の賑わいは思い出します。そのころは寄席を差配する支配人になりたかった。実際には、そこでは支配人にはなれないということがわからなかったのです。いつかは寄席の支配人になれると思っていました。演藝ホールの支配人になって、どうするのか、寄席の顔付けをしたかったのです。それに憧《あこが》れていました。だから責任のあるポジションに付きたかったのです。それでも六年間、ずっと下っ端でした。仕事が好きだったから辞めることはありませんでした。東洋館もできて、そこもあったから仕事は面白かった。そこでは前座さんの働き具合もよく見ていました。

正月の寄席の呼び込みだったら、すぐにでもやってもいいなと思う。あの賑やかさだけは別格です。いまでもすぐに手伝いたい。かつて浅草でやっていた年配の、大先輩の人たちとのOB会で話をしていたときにも、正月は朝の九時から。「かなわんわ」と言いながら、楽しかったという話になった。みんな、正月ならいまでも手伝いに行ってもいいと言う。正月だけは違っていました。浅草は観音様があるからか、十日間、毎日、演藝ホールが一杯になる。呼び込みの原点は、道行く人を呼び止めることからで、そこに興味のない人を入らせることにあります。

かつてのことをいろいろと思い出します。寄席の入口を通るときに、落語家さんもいろいろだった。古今亭志ん朝師匠は、「いつもお世話になってますね」と、腰が低かった。雲の上の人だから、向こうから話しかけられても、緊張からうまく応えられなかった。いまでも、残念に思うことのひとつです。

かつては「三割バッター」と言われていました。やっている落語会の三割が黒字ということです。そこに辿《たど》り着くまでも実際には、たいへんでした。決して威張るわけではないですが、お客さまには、認められています。それは落語会が黒字になるかどうかです。いまはそれが五割ほどになっています。五割バッターになったのです。

《石井徹也さん。昭和三十一年十二月生まれ。東京都出身。早稲田大学落語研究会中退。放送作家となり、「笑っていいとも」「知ってるつもり!?」などの構成にかかわる。著書に『新宿末廣亭うら、喫茶「楽屋」』『五代目小さん芸語録』などがある。客席のどこにいても、石井さんはとても目立つ存在だ。体が大きいからだけでなく、存在感がある。いつも思うのは、高座からも目立つので、落語家さんはやりにくいだろうなということ。落語会にいつもいるだけでなく、落語あるところどこにも居るという、まさに、「落語会の怪人」だ。しばらく落語会のブログも休止していたが、最近になって、再開した。その文字をしばらく追っていると、よくわかるが、その落語の見方は、偏っていないところがいい。》

石井徹也さんの落語の企画を現実のものにする。石井亭の企画というのは、かなり高度なもので、いろいろなことをやろうとしています。実際には、無理難題ですよ。だから、お客さまにとってみれば、愉しいですよ。それを現実的なものにして、具現化して、それでお金を稼ぐのが、わたしの仕事だと思っています。

石井亭の企画は良い企画で、わたしにはそれは好都合です。そこでのマネジメントの仕事がある。企画も少し修正する。いろいろな落語会の企画がありますが、石井亭がいなければできなかったものもあります。すべてではないですが、さらに良いものにしていかなければいけない。石井亭も元気になって、わたしも好都合です。

すべてをそのままにやるわけではなく、これではお客さまが入らないからとカットするものもあります。どんな企画でもそうですが、企画はどんどんエスカレートしていくものです。石井亭の企画は特にそうです、マニアックですから。お客さまから見て完璧な番組です。まあ多少マニアックで長時間だから疲れはしますが、ただ、それを引き受ける藝人さんは迷惑千万で、なかなか引き受けるとなると手間がかかります。

さらには、そうした会でも利益を出さないといけない。それがわたしの仕事でもあります。そして、やりたいことをやる。石井亭でなければやれないこともあります。良いものだったら、何でもやりたい。それでも、すべてが、そのとおりにやれるわけではありません。企画を少しだけ変えないとやれないものもあります。そうすることで、さらに良いものになっていけばいい。石井亭と組むことでは、ラッキーだと思った。なかには、石井亭自身がお手上げした企画を引き継いだものもあります。

石井亭はとてもマニアックですが、落語の知識は半端ではありません。その知識を生かした落語会をやれないかとずっと思っていました。人にはそれぞれ得意な部分と不得意な部分があります。そこで、石井亭の得意な部分をわたしがカバーすることで、いい落語会ができるのではないかと考えました。石井亭の不得意な部分は、お客さまを集めることと、お金の部分です。そこをわたしがカバーしさえすれば、いい落語会ができます。お客さまも、落語家さんも喜んでくれる落語会ができると考えました。

これまで、柳家権太楼、柳家さん喬、昔昔亭桃太郎師匠の「長講三人の会」は、ネタ出しはしないで、その日に三人が集まって、初めてネタを決めます。最初からネタ出ししないでやっていた会です。楽屋に入ってから、きょうは何のネタをやるかを決める。ここでは、セッティングするまでがわたしの仕事です。そこから先はそれぞれの師匠方が、楽しくやってくれれば良い会になる。そこにストーリーがあると考えました。わたしの落語会をやるうえでの原点になった会です。

いまは、会の案内をすると、必ず、お客さまから、「ネタは何が出ていますか?」と、訊かれます。なかには、ネタを聞いてからチケットを買うお客さまもいます。それでもこの会だけは残すつもりです。

いまの落語会で、主催者が落語家に、「このネタでやってください」と、注文を出すことができるのは、朝日名人会の京須偕充さんくらいでしょう。何よりも、落語家さんも信頼しています。勉強しているから、「このネタで」と言えます。何でもいいわけではない。出番の関係もあります。だいたい「この三つのなかからお願いします」と、ネタを出してきます。

TBS落語研究会のプロデューサー、今野徹さんもよく勉強されているひとりです。若手の会でもよく見かけます。とても勉強熱心な方です。

わたしがやる落語会が、土日にないのは、土日には会場が取れないからです。理由はそれだけです。ほんとうは、みんなのように、土日にもやりたいのですが、その日は、会場の値段も高いし、早くから押さえることができないからに過ぎません。意識して、土日にやらないわけではないのです。落語家さんのスケジュールもそうです。売れている落語家さんは、土日は二年先、三年先までスケジュールが埋まっていることが多いものです。しかも、地方での落語会が多い。だから、土日に東京で落語会をやろうとしても無理なことが多い。そこで考えました。ゴールデンウイークはどうだろうか、と。世間が休みだから、落語家さんも忙しいのではないかと思っていた。するとどうだろう。すんなりとスケジュールを押さえることができた。ここが穴だったと喜んだ。

「大丈夫ですか?」

「はい、空いています」と、二年先、三年先までスケジュールが一杯だという売れっ子の落語家さんも、たまたまゴールデンウイークのこどもの日には空いていた。

「ここだけ空いています」という返事だった。

じつは、その日のスケジュールが押さえられたことは、不思議だった。忙しい人たちのスケジュールがほんとうに、スポッという感じで空いていた。どうしてなのかというくらい。

その理由をわたしが知るのは、実際にその落語会が行われた当日になってからでした。

それで五月五日のこどもの日に落語会をやったのですが、これがお客さまが入らなかった。

会が終わってから、その会を手伝ってくれた人が、「こどもの日はお客さまは入らないんですよね……」と言う。

最近の傾向として、落語会のチケットの発売日がどんどん早くなってきました。それに合わせて、チラシも早く作らないといけない。すべてが早くなっているような気がする。

実際、半年前の仕事をしているのが現実です。一年先の会場を押さえることもやらないといけない。年間、五十から六十のそうした会場を押さえることから始まる。その際、前金を入れなければいけなかったりして、お金も必要になる。だから毎日が自転車操業となる。というよりも「火の車」です。すべてが儲かる落語会だったらいいが、そうはいかない。赤字の落語会のほうが多い。毎日、毎日が勝負です。いまでも五割が小さな会ですが、それでも経営は厳しい。わたしが落語会をやり始めたころのほうが良かったと思う。それは単に、懐かしむだけではない。かつては歩いていたのが、いまは自転車に乗っているような感じです。

あの時代は、楽しかったなあ……。

落語会の入場料をいくらにするかは、主催者としては、たいへんな問題です。お客さまにとってみれば、少しでも安いほうがいいに決まっています。当然、主催者としては利益を出さないと落語会を続けることはできません。赤字で落語会をやるのはたんなる道楽です。

入場料が四千五百円というのはいただけませんね。「コンサートと比べると安い」とか言われますが、その値段だと、わたしは、やりません。それにみなさんには「エムズは安い」という認識もあるようで、よく言われます。主催者がどう考えるか。キャパが二百席だと、それだけで料金も決まってしまう。それなら、そうしたところではやらないということ。

思い出してみると、オフィスエムズの落語会は、最初は入場料五百円から始めました。仕事としてスタートしてないから、その金額から始めました。会場費や出演者のギャラを考えて、そうした値段になりました。落語家さんのなかには、「勉強会だから二千五百円以上取らないでほしい」とはっきりと言う人もいます。そうしないと自由にできないから、というのです。好きなことをやらせてもらう、と。お客さまに「ほどほどに付きあってほしい」というのが落語家さんの言葉です。「当日券を残すのでなければいけない」という落語家さんもいます。売れるからといってすべてを売るのではなくて。なかにははっきりと、「それ以上高く取らないでほしい」という落語家さんもいます。もともと落語は、その日にふらりと行って、楽しむものです。町内に寄席があった時代はそうだった。

お金のことはとても大切なことです。お客さまは、一カ月に落語会に使う金額は決まっています。二万五千円、三万円から多い人で五万円でしょうか。三千円だと八回は行くことができます。

これまでわたしは、落語をよく食事に例えていましたが、中トロを二十貫食べますか。二十一貫目に再び、中トロを食べるか。中トロばかり食べていたら飽きるでしょう。だから、海苔巻きやいなり寿司も食べなさい、と言っていた。

他の落語会で、気になるものはあります。落語研究会のネタは気になります。朝日名人会のメンバーも気になります。個人でやっている会は、普通、ネタ出しをしないからです。気になっていたのは、やはり石井亭がやっていた会でした。あれだけ落語を知っている人だから、そこはやはり違っていました。石井亭が趣味の延長線上でやっていた会だから、内容的にはすばらしいものが多かったが、経営的には、考えていなかったのかもしれない。それでは落語会は長続きしないものです。そこがプロとアマチュアの違いなのかもしれません。

大手の大きなホールでやっている会、いま人気の噺家ベストテンみたいな人を集めてやっている会、これは入りますね。羨ましい限りですが、これをそのままやっていても面白くない。そこで、ひと捻りするわけです。メンバーをいじったり、ネタ出しで工夫したり。それよりもこのメンバーを揃えるのには、少なくとも一年半前から調整が必要なので、この時点でギブアップ。わたしの場合、発想があっても、めんどくさいで終わり。商売に向いていないのかな。

あるアマチュアの落語会を主催する人から、チケット販売だけでも手伝ってほしいと言われました。その会に出る落語家さんは、「加藤さんに迷惑をかけるなよ。最後の加藤頼みか」と、言ったという。何が違うのか。素人さんは、座布団が一枚あれば落語会ができると簡単に思うようです。確かに手間いらずで、誰でも簡単に席亭になれる。情熱さえあればできるかもしれません。それでも、そうした情熱をいつまでも保つのはたいへんなのです。そこでは、何かが違うのです。

わたしが趣味の延長で、最初に練馬の自宅マンションで落語会をやったときには、違っていました。そこに高座をつくり、めくりも、寄席のようにしたりとか、出囃子をどうするか、ここを楽屋にしてとか、その感覚をひとりで楽しんでいました。つくったときの楽しさといったら、なかった。

「ああ、寄席だよ」と。わいわい言って楽しむのではなく、そこでは、ひとりで寄席という空間を楽しんでいました。だから、終わったあとの打ち上げにも興味はありませんでした。そのため打ち上げをしないで、会が終わったら、そのまま噺家さんを帰すこともありました。自分さえ楽しければそれでよし。他人のことはどうでもいい。まるで寄席ぞめきでした。それほど席亭になりたかったんですね。

三三師匠がまだ前座で、そろそろ二ツ目というころ、この人はほんとうに落語が好きなんだなと思った。前座では抜きん出た存在で、寄席でのお客さまの反応も良かった。近所に住んでました。すぐ裏に住んでいたんです。当時、中村橋のマンションで落語会をやっていて、そんなに近いのに出てもらわないてはないというので。

「うちで落語会をやっているので」と、お願いして、その会に出てもらいました。

売れてから、よく「自分が育てた」ということを言う人がいます。知り合いで、相撲好きなおじいさんがいて、若手の相撲取りに飯を喰わせて、そのときに、「出世したら、俺のことは忘れろ」と、声をかけるそうです。いいですよね、この話。まるで一本刀の我孫子屋のお蔦。これはかっこつけてやってるんじゃなくて、ほんとうに恩着せがましいのが嫌いだというのがいいですね。

落語家さんとの距離感は難しいです。なかには、電話が嫌いで、手紙のやりとりだけという人もいます。その距離のとり方は難しい。やっていればわかってきます。それぞれの師匠とのやりとりの違いは、前座さんが、楽屋で師匠のお茶を出すときに、熱いお茶がいい人とか、温《ぬる》いお茶が好きな師匠とか、その違いのようなものです。付き合い方はそれぞれだから、学んでいく。柳家小のぶ師匠や小満ん師匠の会をやらせてもらって、傲慢な言い方かもしれませんが、お客さまが成長してきたんだなあと痛感します。毎回、お客さまが帰り際に「長く続けてね」とか、「おすすめの会、良かったです」と言ってもらえて、席亭としては鼻高々、駅弁の蓋のように反り返ってしまいそうです。

とはいうものの、最初は中村橋で小さい会をやっていた。自宅のマンションでした。そのころは、いつか外に出て行きたいと思っていた。練馬の中村橋でやっていたときには、隔月から毎月、さらに月二回になりました。その後、日本橋亭でやることになった。そこに柳家権太楼師匠が来てくれることになった。それでも大丈夫かなと思っていた。

《日本橋亭。正式名称は、お江戸日本橋亭という。いまでは落語のメッカとなっている。》

そのころ、小さいところでやっているのは、わたしのやっているミックス寄席と同じような、横須賀譲二さんがやっていた会でした。競っているというほどではなかった。自分のところが一歩先んじていた。その頃は、日本橋亭ばかりを使っていた。両国亭でもやりましたが、お客さまは入らなかった。七、八人だった。お客さまにとってみると、両国は遠いんだとわかった。圓楽党の場所なんだと。

それでもそこには、落語が好きな人が来てくれた。いまでも来てくれているような人たちだった。練馬区の江古田の銭湯の二階でもやっていました。わたしの好きな会場で、そこは日大の落研がよく使っていた場所でした。五十人ほどの場所で、あまり背伸びをしないようにしていました。会場のクオリティを考えていた。この会場だと二千円出せないなとか。そうしたときに、先に横須賀さんのところが、文京シビックで落語会をやった。自分ではライバルだと思っていた。「権太楼・志ん五会」で、「やられた！」と思った。彼が先にステージを上がったと。かなり背伸びしたな、と思っていた。自分では百五十席でもまだ早いと思っていた。それが二百席のところだった。

そのころ、まだわたしのお客さまが育っていなかった。大きなホールでやるときの会場費を払う勇気がなかった。当時、落語会を自分たちだけでやっている小さいところは横須賀さんのところとうちだけだった。あそこが、池袋演藝場でやったら、「俺も」と。日暮里のサニーホールでやったら、うちもという具合だった。内幸町ホールを見つけてきて、最初にやったのは、オフィスエムズでした。その後、わたしは人形町の社会教育会館や水天宮の日本橋劇場に行った。人形町という地名がいいですよね。

人形町で始めて、そこの会場は椅子席ですが、みんなは簡易椅子だという。だから、会場としてのクオリティが問題になる。だから値段を安く抑えられる。それでもクオリティの問題がある。日本橋亭とかいいですよね。最初は、少し大きなところとしては、日本橋亭からスタートしました。好きな場所は「見番」とか。普通は、碁会所としてとか、踊りの稽古に使うような畳の部屋がいい。

いまの時代、腰が痛いとか、椅子はないのかとお客さまが言います。

わたしの落語鑑賞の原点がお寺の会、関山先生の含笑長屋の会、ここは本堂の畳で三百人ほどの店子で超満員。顔付けも良かったし、ここで圓生、正蔵、小さん、馬生、わたしの好きな先代の馬楽、加えて藝協の大御所。地方でこれだけ聴くことができた幸せ。関山先生のおかげでした。

ただし、いま言ったように、畳で超満員、これは苦しかった。何度も正座したり胡座をかいたり、座りなおしたりで約二時間。これは参ったが聴くのも修行と思い、耐えに耐えた。いまは落語会のほとんどは椅子席。いまのお客さまは畳に座るのが苦手らしい。石井亭が「赤坂夜会も行きたい人がたくさんいるんだけど、畳がダメという人が多くてなんとかなりませんか」とこぼす。以前は目白の庭園のお茶室でやっていたが、お客さまもたいへんだったようだ。いま畳席は、滝口徹さんのところの向島百花園での落語会。畳席もいいんだけどと思うが、やはり集客の観点からは難しい。椅子席なら行きたいという人がやはり多い。

柳家権太楼師匠が言っていました。あるテレビ局の人の話です。大阪での落語会で、高座から客席を見たら、その人がいるのだという。自分で切符を買って、東京から見に来ていたという。知らないところで、見に来ている。「あんなに忙しい人が……」と、驚いていて、感心していた。そうでなければという。落語家も落語会も、常に変わっています。以前は「東京かわら版」を見るだけで、すべてはわかると言っていた。そのことを公言していたが、そのことからわかることはごく一部で、やはり大切なのは現場に足を運んで見ることだとわかった。少し恥ずかしい。

自分のことを考えると、これまで四十年五十年、落語を見てきたその蓄積の恩恵で、やってきました。いまの落語家を勉強しないといけない。いま、「東京かわら版」をちらちらと見るだけで、いろいろなことがわかる。でも、実際の落語会に足を運んで、現場を見ないとわからないこともある。そのことを教えられた。だから、落語会を見ないといけない。常に聴いていないといけない。

わたしは自分の落語会はお客さまからのアンケートを取らないのが基本です。そのかわりお客さまとよく話をします。お客さまの意見をそこで聞くことにしています。単にマニアックになっていないか。お客さまが聴きたい藝人さんかどうか。これまでのわたしの落語会では、外れがなかった。最近また、落語を聴くようになったのは、権太楼師匠の言葉も大きかった。それでも忙しくて、落語会に行く時間はないのが現状です。だから、これまでの自分の落語会で録った音源を聴いています。昔、落語を聴きまくっていたときの財産を使った会をやっていた。寄席通いをしていた時代の財産を切り崩して使っていたのです。次の落語会を提案するためには、もっと勉強しないといけない。

久しぶりに落語会に行き、小燕枝師匠の「意地比べ」を聴いて衝撃でした。落語が好きで寄席に頻繁に通っていたころのことを思い出しました。こういう落語が好きで聴きたくて寄席に通っていたんだなあ、と。こういうものを聴いてほしいいし、こういう落語会をやっていかなくてはと、心を新たにしたものです。

第二章　落語の神様のこと

いま、他の人がやる落語会のお手伝いを少し減らしています。

スケジュール帳を見ても、今年はあんなに好きなプロ野球に一回も行ってないんですよ。去年は確か地方を入れて二十数回は行きました。まあ今年は暇だったとしても行かなかったかもしれません。あの弱いドラゴンズでは。忙しいなあ。どうして、こんなになったんだろう。

落語家さんに三カ月、四カ月先のスケジュールを訊いて、次の落語会の予定を入れようと思ってみても、今度はわたしのスケジュールが入らない。困ったものです。わたしのほうが忙しくなってしまっていたという笑い話です。

練馬の中村橋のマンションで落語会をやっていたころは、家にいても、予約の電話もかからないから、精神的には、たいへんでした。一日中、電話の前にいてもかかってこない。文楽師匠じゃないけれど耐えて待つ、ただ待つ。まるで愛人のような生活。もう二十年ほど前のことですが、ウチに来る常連さんが言うんですよ、「加藤さんがやった会を他のところが同じようにやって、悔しい」と。わたしは、それでいいと思います。どんどんやってくれたらいい。こちらはまた違う会をやって遊べますから。

わたし自身は赤坂の会のように、小規模な会を増やしています。それこそ以前は、桃月庵白酒師匠や春風亭一之輔師匠を組み合わせた会をやっていましたが、ふつうなら、そういう会を増やしていたでしょうが、それもやらなくなりました。売れている人の会をやってもつまらない。どうせ、そうした落語会はよそがやるから。どこかほかがやっているから、わたしがやる必要はないでしょ。「それをやっていても駄目だ」と、やめました。それなら、違う手を考えなければいけないと。微妙な顔付けの違いです。そこは、一般の人には、二人会、これは難しいですよ。1＋1は2にならないし、3以上にもならないときがあります。5にもなることもありますが、なかなかないです。興行的に怪我をする場合が多い。たくさんの噺家を揃える顔見世的な興行はうまくいっても収益はわずか。これは大怪我をする可能性が大です。他と同じことはやりたくない。どの会も一緒ではつまらないからですよ。

わたしがミックス寄席を立ち上げるまえ、そのころ市馬師匠は、四谷で勉強会をやっていました。この師匠は気になっていましたし、趣味嗜好が合いそうだと、なんだかそんな匂いを感じていました。その昔、歌謡曲を聴いたときの感動はいまだに忘れません。わたしは子どものころから昭和歌謡好きで、この手の曲にはうるさかったのですが、師匠の歌を聴いたとき、正統な歌唱法を身につけていて感心しました。昭和歌謡というのはこぶし抑揚なしで、感情を入れないで譜面を語りますが、まったくそのとおりの歌唱でした。落語が素晴らしいという裏付けがとれたようでした。

《「俵星玄蕃」は、忠臣蔵にからんだ架空の人物である俵星玄蕃《たわらぼしげんば》を主人公とした曲だ。三波春夫で知られる。作詞は、三波春夫がペンネームで行った。三波はかつて浪曲師だった。》

市馬師匠は落語もうまい。その噺は素直で真面目です。

その後、市馬師匠と話をすると、育った境遇が、自分によく似ていることもわかりました。わたしも、市馬師匠と同じで、おばあちゃん子でした。何よりも、先代の柳家小さん師匠がよく言っていたように、落語は、まず「人ありき」だと思います。市馬師匠の落語を聴いていると「この人の落語は真似できない」と、感じます。世間でよく言われる「うまい落語家」は数多くいますが、真似しようと思えば、簡単に、真似はできるとわたしは思っています。市馬師匠の落語はそれができない。

昔、落語家になろうと思っていました。自分が落語をやれば誰にも負けない、と。そしてアマチュア時代、生意気に、高座に上がったこともありました。それが、ただひとりだけ負けたと思ったのが、春風亭小朝師匠が登場したときでした。ああ、これは負けたと真剣に思いました。偉そうですね、何様なんだか、バカですね。中学のころだったと思います。だからわたしは、落語家への道を諦めたのです。

市馬師匠が入門したころ、そのころは落語家としてのステータスは研究会や老舗のホール落語会に出られることでした。いまはそんなんじゃないですけど。とにかく、ホール落語会に出演できるのはひと握りの噺家さんで、圓生、正蔵、小さん、馬生に四天王ぐらい。どこもレギュラー制で、若手新参者の入る隙なしという状態。市馬師匠がまだ、さん好時代、将来、この人はホール落語会の常連になる人だと思っていました。わたしの予想と少し違っていたのは、小三治師匠の次に、落語協会の会長になったことでした。いずれは落語協会の会長になるにしても、まさか、こんなに早くなるとは思わなかった。そこだけが少し計算違いでした。

市馬師匠に「マネジメントの管理をしましょうか」と、わたしのほうから言いました。市馬師匠はきっちりとした人だから、自分だけでもできるとは思っていました。それと人間を見る人だから、きちっとしていないといけない。マネジメントをやりはじめて、思ったとおりの人でした。というよりもさらに細かかった。自分でもできるのだからそれは当然です。それ以上に細かいからたいへんです。それでも、好きなものが一緒だから、市馬師匠とはとても気が合いました。事務所として余裕はなかったのですが。

市馬師匠の噺は、自身の古典落語への信頼度が高いので、そのまま基本に忠実に、まあこれはうがった言い方かもしれませんが、落語の神様がこうやってくださいというとおりの落語なんです。

お客さまにこびないし、笑わせようとしないし、お客さまのお好みのドラマチックなストーリー性の高い噺はやらないし、もっと言わせてもらえば、お客さまにうまいねぇ、感動したと思わせないような落語で、伝承芸である、つまり古典落語の許容範囲内の落語を語れる、わたしが出逢ったはじめての噺家さんでした。お客さまには市馬師匠の落語って安定感があって面白いしうまいし、でも少しもの足りないと何度もフィードバックされました。いまの時代、つまり刺激を求めてくるお客さまが多く、そういった刺激的な噺家さんにお客さまが集まるという具合で、市馬師匠の良さがなかなか伝わりにくいようですが、あとまた十年で市馬時代が来るような気がしております。

市馬師匠の落語会をやるようになって、どんどん人気になって、お客さまも増えたときに、会場をもっと広いところにしようとしたことがありました。

「あそこでいいよ」と、市馬師匠は、その会場にこだわったのです。大きい会場にして、お客さまが来るかどうか、そのときには、自信がなかったようです。チケットの値段も二百円上げようとしたら、「何であげるのか」と、市馬師匠に拒否されたことがありました。

そうしたことはプロモーターとして、マネージャーとして、考えないといけないことです。

亡くなった松岡社長（立川企画）に、市馬師匠のマネジメントについて、「うまくやっているよ」と、褒《ほ》められたことがありました。寄席のスケジュールを考えながら、休ませるところは休ませているのを見て、そう言ったのでしょう。

市馬師匠はどうして、ああしたことが身に付くのかなあ。

あるとき、能の関係の人が、市馬師匠について、扇の持ち方や所作が完璧だと、わたしに言ったことがありました。なるほどなあと思う。市馬師匠は、どこでそうしたことを学んだのかなあ。市馬師匠は歌舞伎も好きで、役者のどんな人でも真似できる。歌舞伎に精通してます。あまりそのことをひけらかしたりはしませんが。歌舞伎でもわたしと気が合います。よほどの通でも知らないようなことを投げても、必ず返ってきます。

例えば、浜松屋の店先で、最初に登場する悪次郎、あれは多賀蔵さんだ。あの睨みの目はいいねぇ。これ、幕あけの一分の舞台。ほんとうにどうでもいいようなこと。芝居で言うと、池内淳子さんの代表作「女と味噌汁」の、一の宮あつ子の台詞まわしは絶品だねぇとか。やたらと話が合う。こんな話ができるのは、世の中でふたり以外に誰もいないとよく話しています。このあたりの感性が、わたしの市馬プロデュースに対する自信になりました。

市馬師匠が、常に言うことがあります。落語は、それだけで面白いものだと。無理に、過激にやらなくてもいいのだと。ごく普通にやっていて、それで面白いものだと。古典に対する信頼である。「初天神」は普通、あめ玉屋か、団子屋のところをやる人が多い。凧揚げのところまではやらない。落語のその季節を出すのは、やはり凧揚げのところだろう。この噺の何がいいのか。「初天神」の子ども、親子の情愛、お正月の季節感と、いまの人には、そうしたところはない。小三治師匠の「初天神」を聴いていて、やはりすごいですからね。

こんなことがありました。

市馬師匠から、正月のお飾りについて、細かな駄目出しが出たことがありました。どうして、そんなことを知っているのかなと思うほどこうしたことにも詳しい。お飾りの並べ方から、そのもののことまで詳しく知っていました。いまの時代、落語家も風習がなくなっています。噺のなかに出てきます。落語も、伝統を守りながら伝え続けている。

市馬師匠は、攻撃して、売り出して、買ってくれ買ってくれということはしません。市馬師匠がそういう人なんです。落語に対する思いもわたしと同じだから。

会長職も長期になってくると、支えないといけません。市馬師匠の十年先、二十年先が楽しみです。でき上がっていても、どんどん変わってきている。

弟子を持ち、そのことでも学んでいると思う。落語にも、落語家にも、何か匂いがするのが嫌なので、若いときから真っ白でいてほしい。十年前とは、いまの若手は、実力が落ちているような気がします。レベルが落ちているのかなあ。落語の神様は伝承藝能である落語の将来を少しばかり心配していると思いますが、独自の工夫で落語を語っている若手噺家さんは、これは若いからしょうがない。高座に上がれば何をやってもよし、受けたもの勝ち、売れてなんぼの世界ですから。基本に忠実にとか、まずは人なりとか……いつまでもそういう観念を持っている自分がおかしいんでしょう。

軌道に乗っているかのように見えた自分の会も、軌道に乗っている分、やっているわたしとしてはまたモチベーションが低下してきたので、自分の趣味の世界に没頭したような会を立て続けにやるようになって「加藤さん、いよいよ本性を現したね」と言われる。「やっとミックスらしくなった」という言葉は褒め言葉でしょう。これまで、オフィスエムズの落語会にご無沙汰していた人にも、寝ていたところに火を付けたようです。これを維持するつもりです。そうしたことで、落語会をやっていけるかどうかはわからない。

趣味と経営のバランスがだんだんとれなくなってきました。これも自分の責任で、選択してやってるんですから、まあいいかなあと思います。

《加藤さんは、これまで目黒の祐天寺に事務所を置いていました。いまでは、溜池山王の奥まった静かなところに事務所を移しました。落語協会会長の市馬師匠のマネジメントをする関係でも便利になったのです。》

これまでは、目黒の祐天寺に事務所を置いていましたが、これが静かなところだったんですが、こちらのほうに移りました。以前、市馬師匠は南長崎にいましたので、最初のうちは車で師匠の送り迎えをしていました。何か用事があると祐天寺にあるわたしの自宅と師匠のいる南長崎の住まいを二往復していた。いまは、それは時間が短縮してかなり楽になりました。市馬師匠のマネジメントをするのは、そう、市馬師匠が、落語協会の会長になる前からですからね。最初は、マネジメントをボランティアのようなかたちでやっていました。それも忙しくなり、無理になりました。「それなら、近いところに住んだほうがいいぞ」ということで、こういうかたちになった。

市馬師匠は忙しいながらも、それでいて寄席にも出ながら落語会にもバランスよく出ています。だから、周囲がそれを見て「うまくやっているね」というのでしょうか。市馬師匠について、聞きながら、いろいろとやっているからですかね。市馬師匠はすごく人間を見る人です。自分があれだけ正直で、それでいて、誰も市馬師匠の悪口を言う人がいない。そういう人柄だからでしょうか。市馬師匠は、来るもの拒まずで、どっしりと構えています。

みんな真ん中のものを聞きたくなるんじゃないかなあ。安心して、市馬師匠に藝に専念してもらえるように。とにかく、寄席を重点においてマネジメントしています。「市馬落語集」だけは残して、お客さまがそれを待っていますから。市馬師匠の落語は変わってきています。周囲はすべて先輩ばかりですからね。たいへんだと思います。何よりも体調管理が大事です。絶妙な距離感で付き合っています。ほどほどに。落語もそうですが、間合いが大切です。


昔、いやいまでもあるのか、落語好きの集まりで「写楽」というのがありまして、、ここは昭和四十年代からの元祖落語マニアの巣窟、落語を愛し、その愛し方もデータマニア、音源マニアあり、ご贔屓おっかけあり、まあそんなうるさ型というか、この世界の大ベテランが揃っておりました。

このうるさ型のご贔屓落語家、この人たちが認めている噺家さんはだいたい現役では十五人、きっちり十五人、これが面白い。少々地味ではありますが、極めて落語の王道を行く噺家さんばかり。そんなうるさ型をうならせる最後の噺家が亡くなった。柳家喜多八師匠であった。この師匠は好事家には絶大な人気があった。

わたしが初めて三田の勉強会に行ったとき、喜多八師匠が高座で登場人物の名前を忘れてしまい、しばし絶句した瞬間、まあどうでもいいような人物だと記憶するのだが、間髪入れずに客席からその名前を叫ぶご老人やご常連がいたのには驚いた。高座を降りたあと、師匠にあそこはこういうふうにやるといいとか……何者かと思ったが、あとで知ったのだが、この連中が「写楽」のメンバーだった。いままだ残っている老舗の小さな落語会、地域寄席の席亭に「写楽」のメンバーが多いのである。わたしもずいぶんお世話になった人が多く、懐かしい顔が思い浮かぶ。もちろん鬼籍に入られた方も多い。

話は脱線しましたが、わたしがここ最近やりたかった会に、「喜多八・市馬二人会」があった。直接師匠から「やりたいけど、どうですか？」と連絡もいただき、いまかいまかと準備していたところへ、タイミング良く夢空間の土屋さんから「いかがですか喜多八さんもぜひ。一度もやってなかったよね」という電話をいただき、日程が決まり、チケット販売開始……というところで、師匠の訃報が入ってきた。これはやりたかったが、わたしの責任、わたしの選択。やりたかったというのではなく、わたしがやらなかったということなんだなあと痛感した。

《喜多八師匠……惜しまれて亡くなる。落語ファンに愛された噺家のひとり。》

わたしは若い二ツ目さんによく言うのが、ライバルは早く見つけたほうがいいということ。とにかく、自分と近い香盤の前後でライバルを見つけること。「あいつには勝てない」でも、「あいつとだけはやりたくない」でも結構、刺激になる人を見つけること、これが肝心な気がする。

噺家さんは二ツ目に上がるときが噺家人生のなかで一番うれしいと聞きます。二ツ目になって寄席の披露目が終わった二、三カ月が勝負どころのような気がします。ここで行かなきゃいつ行くんだというくらい、過去いろんな噺家さんを見てきて、やはりここで伸びていく人がいわゆる勝ち組。あまり好きな言葉ではありませんが、まあ仕事がたくさん入ってきて、少なくとも客席が百人前後のスペースを独演会で埋められるようになるかと思います。この勝負どころを逃すと、あとはないと某師匠が言っておりましたが、そのとおりだと思います。

とはいえ、これはあくまでもわたしの主観で、それぞれ違うプロセスがあるのがほんとうで、わたしの言い分などは若い噺家さんに言わせれば大きなお世話ということになるのでしょう。ライバル激突の二人会っていいですね。この二人会は1＋1が2以上になる、つまり三倍にも四倍にもなる会が二人会です。ひとり会で百人入る人が誰かと二人会をやると三十人も入らないでは成立しません。それだけ二人会は難しいのです。成功例をあまり見ません。喜多八・市馬二人会、いいですね。自分で番組つくって、チラシの文章を書いて空想してます。見ながらうっとりしてます。やりたかったなあ。

いまは二人会もそうですが、企画勝負です。ただ並べていてはお客さまが付いてきません。わたしは売れなくなると平気で嘘を言って売ります。「残席僅かです!」とか、「一期一会の会です」とか、一番売れるのは最初に謝る戦術です。「たいへん申し訳ありません」と大声で言いますと、そのあと「この会は残り二十枚でございます。ほんとうに申し訳ありません。この会場での販売はこれで最後になります」。この「たいへん申し訳ありません」のひと言で、見向きもしなかったお客さまの目の色が変わります。さらに謝り、これで最後という言葉で駄目押しします。すぐに販売ブースに列ができます。わたしの嘘はすぐにバレて、その場でお叱りを受けます。口論になったこともしばしば。怒り心頭のお客さまは、それでも来てくれます。

いかにしてお客さまに来てもらうかというためなら何でもやります。

わたしの落語会の原点は、北海道の飲み屋さんの二階で、会をやって、それもこぢんまりとやって、自分たちで、楽しんでいるようなものかもしれない。自分たちの情熱だけでやっているような落語会ですよね。

《加藤さんは、落語に関していろいろなものを読んでいた。『北海道落語事情』にある落語会のことを言っていた。若手の落語家が札幌の小さなスナックの狭いカウンターの上に座布団を置いて、

そこで十人ほどのお客さまを相手に落語をやっていた。そのことを思い出して言っていた。》

落語会を主催している、大手のそうした会社も、いまは、経営はとてもたいへんだと思う。人気の落語家さんだけを呼んでやっている会も惰性になっているから、たいへんだと思う。それに、運営にも大物を使う。大御所から言われると、売れっ子もねえ、断れないから。同じような会ばかりだから、わたしはこういうものも見てくださいという会をやろうと思う。

それと赤坂の会です。赤坂会館で「赤坂倶楽部」を始めた。誰もそこを使わないんですよ。知らないからか。だから、そこで寄席を始めました。三十、四十人が入れば一杯になるような場所です。出番のない二ツ目の会をやり始めました。月に五、六回、そこで会を行っています。

ある若手落語家に話を聞いたら、若手が出演する、神田連雀亭はあるが、そこではお金にはならない。でも、あそこがなかったら、自分はどうしていただろうかということを聞きました。それほど二ツ目の若手には、勉強できる高座が少しでも必要です。じゃあ、そうした会をやろうかと。だから、赤坂の会を始めました。

最初は当然、赤字でしょうが、それを黒字にする自信がわたしにはある。それと赤坂という場所がいい。もともと、赤坂の藝者さんたちが踊りのお稽古をする場所で、そこには、高座もめくり台もあります。うちの近所で、歩いていてその場所を知った。過去にはＴＢＳが落語会をやったこともあるという場所です。

一回目は二十七人入りました。こうした落語会は、どんどん小さくなっています。会場が二十人、三十人という場所です。やるほうはたいへんです。自分が席亭です。わたしの夢でもあります。黒字になるのは、もう少し待ってくださいという感じです。黒字にする自信はありますが二十年くらいかかるでしょう。

いまは休みがありません。休みはなくてもいいです。寄席の席亭ごっこを楽しんでいます。

この業界の人は、ウイン・ウインの関係にしないと駄目です。なぜなんだろう。落語家さんも、それを主催する人も両方が良いのが一番だと思うのだけれど。落語会の主催者のなかで、誰よりもわたしが常に現場にいるから、いまのお客さまの好みや状態、状況が一番よくわかっていると思う。いまは、お客さまのほうには軸はないかもしれません。赤坂の会にしても、噺家の二ツ目の人たちが喜んでくれればという気持ちでいいなという感じです。研精会も含めてそうです。研精会の発想は、創設者の稲葉守治さん、稲葉亭が、国立演藝場という桧舞台で、そこを満席にして、落語をやらせたい。お客さまは二の次です。落語家さんを喜ばせたいと。研精会を手伝ってもらっている藤江清克さんもたいへんです。後援に文化庁を入れるのに意義があるというので、たいへんでした。

この二年で、こういう会だったら絶対にお客さまが入るという会が、もう入らなくなってしまった。そうこうしているうちに、小さな会がたくさんできてきました。ある程度、こちらがネタを決めて、藝人さんに依頼するということができるような人でないとこれからは生き残れないかもしれません。

ある落語家さんの話です。ある主催者がある落語家さんに、自分の会に出てくださいと頼みました。そこで、その落語家さんは、自分のプロデュースならと言ったというのです。自分以外の出演する落語家も自分で決めるということです。その主催者は「それなら、結構です」と、すっぱりと断ったといいます。それは立派なことです。

ある噺家さんに言われたことがあります。親身になっていつも的確にフィードバックしてくれます。それもいつもタイミングよく、良い時期にメールをくれます。落語界のこと、自分自身のこと、市馬師匠のこと、それをサポートするわたしのこと、忙しいのにすごく熱心にお話してくれます。ひと言で言えば戦略。一言一言、注意深く聞きます。ご自身の戦略も語ってくれます。そのとおりになっています。わたしも熟考して、思いを伝えようと市馬師匠をマネジメントしようと思いますが、なかなか師匠の顔を見ると腰が引けます。情熱家で策士のその師匠は最後にひと言、「加藤さん、このとおりのストーリーで企画していけば、ほんとうの意味で落語界の頂点のステージですよ。でもね、この戦略、市馬アニさんの一番嫌いなことですからね。それをやらせるのがあなたの仕事です。ちまちまと落語会をやってる場合じゃないですよ。やるなら大箱です」。御説ごもっともなれど、この辺でこの話はやめておきます。まあ、ここで話をするようなことではありませんが。

ある師匠に言われたことがあります。「ギャラは落語会をやっているときに、その場で貰ったほうが嬉しい」と。自分も同じだと思います。お客さまが八人とか十人という落語会で、会の途中で藝人さんにギャラを渡していたことを思い出しました。そうした会のときには、自分も客席で聴かせてもらったものです。お客さまも「良かった」と思っているだろうなあと。

ネタ出しをしなくても、この会は、この意図でやっているということがわかります。お客さまにも聴いてもらうという会です。ただ、同じことをやっているだけだと、会はまったく代わり映えはしない。成長がないということです。落語会にはそうしたものもあります。お客さまもそのことがわかります。そうした会には、落語家さんも、ただ仕事として行きます。それを主催者はわからないといけません。だから、同じことをただ続けているだけです。

前座さんは大切にしないといけません。前座さんに失礼がないようにということは、事務所の人間にも、落語会のスタッフにも厳しく伝えています。

地方のある落語会で、前座さんがギャラを「貰っていません」ということがありました。その前座さんの師匠は、「俺があいつに言ってやる」と、怒りました。十年ほど前のことです。それは氷山の一角だと思っています。そのことを素通りしちゃうとまずいです。前座さんのギャラのことは、とても大事なことです。

わたしは落語会で前座さんに会ったら、すぐにギャラを渡すことにしています。忘れないように。なかには、「師匠が貰っていないのに……」と、遠慮する前座さんもいます。「いやいいんです」と渡します。それでも忘れることがあります。前座なんかという意識がどこかにあると、これはいけません。

前座時代からの付き合いがあるいまの二ツ目の人には、長い付き合いの人が多い。いまは二ツ目の人に仕事がいっています。真打ちではないですね。限られた人ですけどね。

前座さんはとても大切です。前座さんがいないと落語会は成立しません。いまは前座さんを確保するのが一番たいへんです。前座さんは寄席があるから、寄席を休めるのは、十日間のうちの三日ほど。昼席の前座さんと夜席の前座さんを調べておいて、夜の会のときに、昼席の前座さんにやってもらう。それでも、東京では、夜だけで三十公演から四十公演ある。そこにはすべて前座さんが入るわけではありませんが、厳しい。前座さんを確保できないと、落語会はできません。

「何日は空いていないだろうか？」と、前座さんに電話をします。

「仕事をいただきました」と、師匠にお伺いを立てても、師匠が「駄目だ」と言うと駄目です。親しい前座さんに、この日、誰かスケジュールが空いていないかなと連絡すると「探してみます」と、探してくれたりもします。必ず、誰かが助けてくれます。前座さんも寄席の香盤表を見て、よくわかっているから、誰が空いているか教えてくれたり、声をかけてくれたり、一緒に探してくれます。そうした意味でも、大切なのは前座さんです。落語会をやっているみんなも苦労していると思う。なかには、最初から前座さんを頼むことを忘れていたということもありました。

お囃子さんは大丈夫です。それぞれで融通してくれます。それにお囃子さんを使う会も多くありません。いまはほとんどの落語会はＣＤでやりますからね。

いま、生でお囃子の三味線を入れる会は少ないようです。わたしがお囃子で、生の太鼓や三味線にこだわるのは、ライブが好きだからです。練馬で落語会を始めた時代からお囃子は生でやっていました。カラオケは厭なんですよね。演歌を聴きに行くときでも、オーケストラかどうか、生バンドかどうか。「バンドは入りますか?」と、必ず訊いてからチケットを買います。生の演奏で、聴きたいんですよ。わたしの育った田舎では、生の三味線や太鼓は無理だから、寄席での三味線が羨ましかった。だからそこに、生へのこだわりがある。ライブが好きなんですよ。

お客さまのなかにも、プログラムにお囃子さんの名前を書き忘れていたら、「きょうの三味線は誰ですか?」と、終わってから訊いてくる人がいる。やはり気にしている人もいるんですよね。

これだけはどうしても、師匠に好き好きがあるので、そのことを加味します。

なかには、三味線は入れなくてもいいという師匠もいます。そういうことも考えます。落語家さんによっても、決める。肝心なとき、ネタ出しのとき、このネタをやるとき、「この人」という人がいます。下座さんも限られた人数で、スケジュールが取れないときも、あります。だから、早目に言う。難しいんですよ。「しまった三味線を入れるのを忘れた」というとき、急には難しいんですよ。伝《つて》がないんだから。下座さんと前座さんは早く決める。これまでに何回もあります。確かに。忙しいと。頼んでいたはずだと。大騒ぎですよ。探す。寄席の香盤表を見て、「奇跡的に空いてないかな」と。

「頼まれてますよ」と。

三味線はほんとうに難しいですね。

「ちょっと土曜日は」

「次の会は」と言っといて、別の会の約束をして、その口で、「今週の土曜日は空いてないはねえ」と、言う。

「加藤さん、心配よね」

「いいですよ」

「寄席で空いている人をつかまえてみましょう」

ハナは三味線を使うことは少なかった。お金がなかったから。旅に出ればそれなりに費用がかかるけど、下座さんには無理をしてでも来てもらいます。六日間続けてやるので、「お願いします」と言うと、三味線を入れるのが嬉しいから六日間来てくれる。向こうもそうしたことはわかってくれます。

それでも下座さんとのお付き合いは長い。

三味線が好きだから、お師匠さんと楽屋入りまえに少しお話させていただきました。わたしのことは、よくわかってくれている。素人のころ、三味線は入りますか、入らないと言うと、その落語会に行かない。いまでも、そういう人はいます。音だけしかわからないが、そういうお客さまはいます。

わたしでも三味線の上手い下手はわかります。特に上手いのはわかります。これはうまいなあと。

出囃子が生で、それで落語家さんが高座にあがってくるのは、心躍ります。だから生じゃないと駄目です。不思議ですね。お客さまはそんなことはどうでもいいのに。子どものころから生で育っているから。そのぶんの経費はたいへんです。小さいところではやれない。

自分でも太鼓を叩きます。それくらいはできないと恥ずかしい。毎日、落語を聴いているのだから。自分でも太鼓が好きだし。

子どもの頃、太鼓が大好きだったみたいで、祖父に背負われてよく祭りに連れて行ってもらったようでした。ものごころついたときは、太鼓を叩いてました。大須演藝場に当時、おかまの佐々木さんという、どういう経歴の方かは不明ですが、ものすごく藝達者な太鼓番がいました。この人の太鼓が好きで、大須の楽屋裏に古墳跡地の公園があって、通称タヌキ山、ここで友達と遊んでいて、佐々木さんの太鼓の音が聞こえてくると、遊びをやめて一人で聴き入っていました。ここの大太鼓がまた良い音がするんです。このあいだ、大須演藝場の楽屋に行ったら、太鼓の革を貼り替えて新しくなってました。そりゃ五十年も使っていればそうなります。

この佐々木さんの話ですが、伝説的な逸話はいくらでもありますが、これは話せない。

落語会を始めて、すぐに太鼓を買いました。すごい値段でした。

太鼓と締めるものと箱、一式です。そのまま叩けます。お金がないのに太鼓一式を買いました。注文して、二カ月弱かかりましたかね。太鼓と三味線が大好きで、落語をやっているんですね。いまでも、その太鼓を抱えて落語会に行きます。やはり生の太鼓はいいですねえ。こんな人はいないんでしょうね。それで、落語が、寄席が好きになったのだから。生の音はやはりいいですよ。違います。

毎日、この太鼓を抱えて落語会に行きます。

みんな不思議に思っているでしょうね。こんな大きなものを抱えて行くんですから。

寄席をやりたいというのは、たとえば、赤坂会館でもいいですよ。そこに常に、太鼓があるというその状態がいい。持っていくのではなく。そこに置いてある、そのことを考えるだけでいい。これを継続的にやっていく。わたしのなかでは、こうした会をやればいい、と思っています。

先日、(柳亭)こみちさんに、三味線を入れて音曲噺の会をやってほしいとお願いしました。「植木のお化け」「蚤のかっぽれ」「稽古屋」の三席。赤坂の稽古場に合うんですよ、この空間に三味線の音締と太鼓音が。外を通る人にも聴いてほしいと思ったくらいでした。なにしろ、帰り際のお客さまの満足した様子で、この日の会の成功を確信しました。

わたしの落語会の師匠は話藝研究家の関山和夫先生です。

関山先生も、仕切る人でした。仕切るというのはどういうことかというと、独演会だと、会が始まって、一席やります、仲入りを取って、後半一席やる。後半の前に関山先生が、ハンカチを持って、前に出てきて喋るわけです。関山先生は話藝研究家だけあって話はさすがにうまい。

この長屋に登場するのは、圓生、正蔵、小さん、馬生、馬楽、柳朝、志ん朝、圓菊、小三治、円窓、文朝……いまだと常連は小満ん師匠、あと南喬師匠、小燕枝、雲助、一朝、志ん橋、小里ん、正雀師匠といったところ。もう王道を行く、オーソドックスな顔付け。大学時代はお手伝いに駆り出され、わたしが長屋の担当だったおかげで関山先生ともお話ができて、よく学び、よく小言を言われました。この含笑長屋は、林家に「日本一の聞き上手の集まり」と言わしめ、店子としては鼻高々でありました。この会が落語会に携わるわたしの出発点であったことは間違いありません。

関山先生は、落語家だけでなく、落語鑑賞者も同時に育てるとおっしゃっていた。よく、林家正雀師匠から「関山先生はお元気ですか？」と、声をかけられました。わたしが名古屋を出てからは、あまり会う機会はなかったのですが、関山先生が亡くなって、通夜も本葬も行きました。いろいろと教えられたことが多かったから、思い出すことも多かった。落語は面白ければいいと思っていましたが、やはり勉強することも大切でした。関山先生は、研究という言葉を使っていましたが、学ぶことも多かった。落語家さんも、お客さまからの一番の褒め言葉は「面白かったよ」という言葉でした、と聞いたことがあります。そうしたこともあり、ずっとそう思っていました。

でも、ここにきて、落語会をやって、お客さまからのフィードバックがあり、自分のなかでも、お客さまの鑑賞力をアップしてきたということがありました。そこでは研究を忘れているのではないかと気付き始めました。自分も落語会を生業《なりわい》にしていて、落語は、そういう藝能なんだと気付き始めました。含笑長屋をつくった関山先生を知ったことで、いろいろと深く落語にかかわるようになりました。あるとき、まだ青臭い議論を関山先生に吹っかけたことがあった。「関山先生のやりかただと、落語が広がらないような気がする」と言って、怒られたことがありました。

関山先生は、中部地区では特別な存在でした。

わたしが大学生の時代の四年間、関山先生の含笑長屋を手伝いました。学生さんが力仕事や送り迎えを請け負ってやっていました。落語会の打ち上げに参加させてもらったりして、含笑長屋を次第に手伝うようになりました。こちらは学生の身で、あちらは先生なので、話を一方的に聞くという感じでした。

大学の四年間、お世話になりました。いまでもないですよね、こんな会。素人の人がこんなに続けている会はなかった。名古屋市民、落語愛好家には自慢の会です。関山先生の肩書きは話藝研究家となっているのかなあ。話藝という言葉を作ったといわれている人でもある。含笑長屋というお寺での落語会も雰囲気があり、その空間も良く、寄席に近くいいですよね。出演者も正統派の落語家で、とても良かった。こんな会はないですよ。素人がお金を集めて、落語会をやるわけですから。店賃《たなちん》というシステムは画期的なシステムだった。いま、落語会をやっていて、その頃、身についたことがとても参考になっています。そこは大きいですよね。

振り返って考えると、名古屋の大須演藝場と含笑長屋があったことで、自分がある。このかたちの、根本の違うふたつから得たことで、自分が成長したといえる。関山先生は、大須演藝場の顔付けにすごい否定的だった。煙たく思っていたようだ。わたしは、含笑長屋で落語会の顔付けを学んだ。わたしは両方を見ていた。両方好きだった。子どもの頃、寄席は名古屋しか知らないから。名古屋は東京の情報が流れてくるわけではなかった。これを機にわたしが、東京に行くようになりました。その寄席を見たときの、名古屋、大阪との違いに驚いた。

寄席に行くようになった初めのことは覚えています。

昭和四十一（一九六六）年に鈴本演藝場を見ました。写真館をやっていた祖父に連れられて、バックといわれる写真撮影をするときの背景のデザインを買うために上京していました。祖父は落語が好きだったから、寄席に見に行った。六つか七つのころだった。鈴本演藝場は、いまの神田の「ぼたん」を大きくしたような感じで、あそこだけが料亭のような作りだった。

子どもの頃は、名古屋の落語会しか知らなかった。初めて東京に行って、寄席を見たときのことはいまでもよく覚えている。それが鈴本演藝場だった。鈴本では、落語のソノシートを貰ったような記憶があるが、プレゼントで貰ったのか、祖父に買ってもらったのかもしれない。三亀松師匠と鶴八師匠（片岡）のものまねが、アラカルトで入っていました。

寄席の表で看板を見たときに、トリは三遊亭圓楽師匠だったが、土曜日だったのか、代演で、柳家つばめ師匠が出た。ネタまで覚えています。「歯医者の恐怖」というネタだった。三番バッターで、柳家小のぶ師匠が出た。仲入り後は、立川談志師匠が出た。忙しいからか、次の仕事があったからか、スーツ姿で、時間がなかったからだろう、漫談をやった。格好が良かった。あの人はスーツが似合うから。

その後、打って返して、浅草演藝ホールにも行きました。おじいさんも元気でしょ。橘ノ圓師匠がトリをとっていたのか披露目だったかさだかではないが、その名前が珍しくてよく覚えている。その後も、東京の寄席に機会があるごとに出掛けました。昭和五十一（一九七六）年には、祖父がなくなり、自分ひとりで東京の寄席に行くようになった。五十二年、五十三年と高校時代、ひとりで東京に来た。お金もありました。借りたのかどうだったか。寄席だけのために上京しました。いきなりで不安だった。看板を見るまで誰が出るのかわからない。昼夜ですよね、池袋も新宿も。兄が東京で下宿していたときにも連れて行ってもらった。新宿ですよ。古今亭圓菊師匠でした、トリは。新宿の右の座敷で足を伸ばして聴きました。

落語家になろうと考えたこともありましたが、それでも落語家になる勇気がなかった。寄席を経営するほうが強かった。それにはたえず大須演藝場を見て、関山和夫先生の会を見ていました。大須演藝場だけでは満足できなくなっていました。東京の寄席を知ってしまったのだから。

関山先生は、会が始まるまえに挨拶をしました。まるでお坊さんの講話みたいでしたが、初めて落語を聴く人には親切な話だった。普通、主催者の話は嫌がられるのだけど。そういうことのない珍しい人でした。その話藝にも惚《ほ》れました。訥訥《とつとつ》とした話し方でした。そこにも惚れた。わたし自身もその後、ミックス寄席を立ち上げたときには、関山先生を真似していました。それがだんだん嫌味になってきたんだけど。それもわたしにもわかるようになってきました。誰でも最初はやるんですよ。でも気付くのが遅いんですよね。失礼だった。落語だけでいいのに、そこまで説明しなくていいのに。関山先生の真似をして言うんですよ。

「きょう登場してもらう柳家三三さん。原石を見つけました。原石なんですよね」と、挨拶したりしました。美味しい食べものを知ると、みんなに言いたくなるように紹介したかった。でもこれは野暮です。いただけません。とにかく、裏方が前に出てきては絶対にダメです。三田の小澤さんはいつもわたしに忠告してくれます。「加藤さん、裏方は裏方に徹すること、裏方が前に出てくるとその会はすべてダメになっちゃうよ」。このダメになっちゃうというのが最近になってよくわかってきた。

含笑長屋会員も増えて、もう受け付けないくらいになった。

高座の落語家も、お客さまを日本一の聞き上手と持ち上げたり、お客さまも一番だと思ってしまう。地方の主催者も、関山詣でをする。関山先生は落語家の手配は自分でやっていました。それでも、その後は誰も継がなかったが、そのとおりで一代のものでした。最後には口論になったことがある。まだ大学生のころです。ミックス寄席を始めるまえだった。

そのころ、「それでは、落語が広がらないだろう」と、わたしが関山先生に言った。新作落語を否定していたわけではないだろうが、登場する噺家さんは一部の人たちだけだった。なかには声をかけない落語家さんもいた。いまで言えば、「(春風亭)昇太さんも、(林家)たい平さんも、(三遊亭）白鳥さんも聞きたいだろう」ということです。そのことは、勉強になった。

関山先生のやり方は、学者さんによくあるやり方だった。バラエティに富んだメンバーにすることで、いろいろな選択肢をお客さまに与えることになると自分は思っていましたが……。

なぜ、落語家を目指さなかったのかと訊かれます。それは、落語家よりも、席亭に憧れていたからです。関山先生は、鑑賞者を育てるという目的があった。それは勉強になった。ただ、落語会をやるときに、経営者の目も必要です。お客さまを集めるなら、きちっとしたものをやらないといけない。

名古屋の大須生まれですから、演藝場に入り浸り、だから落語だけではなく大阪の色物にも詳しくなりました。大好きです。名古屋の寄席番組に慣れているので、東京へ出てきて寄席に行ったときは驚きました。番組のほとんどが落語で色物は四、五本。名古屋や大阪の寄席はほとんどが色物、落語は二本でした。大須は必ずトリが漫才の大御所か音楽ショー、フラワーショーやタイヘイトリオ、宮川左近ショー、東京だと灘康次とモダンカンカン、民謡の黒田幸子一行。もちろん、このあいだ亡くなった前の幸子師匠、このあたりがトリでどんと座る。落語は東京でいうところのヒザと、仲入り前のところに各一本。大須ばかり見ているから含笑長屋は落語を聴く貴重な場所でした。こう考えると、中京地区に落語鑑賞者を増やしたのはやはり関山先生の力が大でしょう。

いまから二十年ほど前、喬太郎師匠やたい平師匠、白鳥師匠が頭角を現してきたころ、そのころ市馬師匠は実力派と認められても、そんなに目立つ存在ではなかった。いわゆる喬太郎世代が若いファン層に支えられ、池袋が息を吹き返して、四天王が絶頂期を迎え、寄席ではさん喬、権太楼が八面六臂の活躍。こんな時代に、寄席では喬太郎や白鳥師といった異色の噺家にはさまれたりすると、これは普通にやっていても埋もれてしまう。ここで市馬師匠、従来の噺にひと工夫入れるようになった。好きな唄を歌ったりして、ふっきれたような高座になった。五代目小さん死後のことであった。

正月の寄席も七草過ぎには落ち着きを取り戻します。師匠は元旦から、甚句を披露して高座を降りてましたから、正月の高座はひとり数分、顔見世ですからこうなるのですが、鈴本で一緒になった馬風師匠がその日のネタ帳に、「かつぎや」と書いてあるのを見つけ、「おい、手を抜いてるな」とポツリ。普通、落語をやらないで漫談なんかでお茶を濁すなら、手を抜いたということになるのですが、落語をちゃんとやって手を抜いたといわれる始末。これはおかしな楽屋こぼれ話だ。

第三章　人生いろいろ、落語会もいろいろ

柳亭市馬師匠のマネージャーもやっているので現場に行くことが多くなって、若い落語家さんに接する機会も多くなっています。落語会の楽屋で、若い落語家さんと話していて、その了見がわかります。そうしたやりとりで、見つけます。前座さんともお話するようにしています。前座さんは気働きをしないといけない。

わたしは、噺家さんを決めるとき、必ずその人の高座を見て、確かめてから判断します。いろいろな人から、いまどんな噺家さんが面白いのかという話はよく聞きますが、それをすべて鵜呑みにすることはしません。結局は自分の感性に頼るところ大です。最後は好みの問題になります。噺家さんに対する良い悪いという判断はありません。自分の好みに合うか、それもいたって生理的なもの、好き嫌いだけはしょうがない。わたしの会で出てくださる噺家さんは、わたしの好みということになります。

いまはどんな落語会も独演会は簡単にできますが、組み合わせや二人会はなかなか難しいです。このあたりの顔付けは、主催者と、例えば二人会であるならばこのふたりと三者がこの会の主旨やどんな会でどんな人に聴いてもらいたいかなどを洗い出しておかないと、思うような結果には繋がらないです。これは集客も含めてのことですが。ただ単に好きな噺家を組み合わせていてはダメ。何度も何度も失敗しました。

落語家さんは二ツ目になって、最初の一、二カ月が勝負です。真打ちになると、誰もが口では、「おめでとう」といいますが、実際はご祝儀を渡して、もう、それでおしまいです。ほんとうに、恐ろしい世界です。

ある真打ち昇進披露のパーティーで、ある師匠が「ここは墓場だ」と言ったことがありました。もう最後まで行き着いたということだそうです。そこから先、伸びる人はそれまでに、もう伸びているということです。真打ちになって、大きく変わった人はこれまでにいないですからね。

「東京かわら版」を見て、いろんな落語会を見ていたら、大人の落語会がないことに気付きました。それで、自分で大人の会をやろうと思います。曜日も関係ありません。というのも、いままでは半年前からチケットを売るからです。それでも買うという人は、日程には関係ないということです。そのメンバーだから、落語会に行くということだからです。ひとり会は、楽でいいですよ。やる前から勝敗はわかっています。ひとり会は、計算違いがないからです。それでは面白くないじゃないですか。それこそ、わたしも最初は、簡易な集会場のようなところで、やっていました。そこは練馬の「サンライフ」という集会場でした。三十人から四十人ほどが集まれば、それでもういっぱいになるほどの狭い場所です。そこではお囃子教室もやりました。白宅マンションを会場にしても、落語会をやっていました。よく出ていただいたのは、柳家喬太郎師匠、古今亭菊之丞師匠、桃月庵白酒師匠、古今亭菊志ん師匠、柳家三三師匠といったメンバーが、まだ若手だったころです。もういまから二十年ほどまえのことです。彼らがどこかで自分のアンテナにひっかかったからでしょうか。

気働き、これはすごい修行ですね。気を遣っているということを悟られないように働く。ある打ち上げの席で権太楼師匠が、懸命に働いている前座に一喝した。「邪魔だ！　君の動きは」。確かによく働く子だったが、やはり恩着せがましい働き方だった。まるでここにはいないように存在を消して働く、それでいて相手も喜ぶような気配り。気配は一切見せない。修行の道は永く遠い。

一之輔師匠のやっている勉強会、真一文字の会は、よく入ります。勉強会だからネタおろしや蔵出しなど三席たっぷりの勉強会、チケットの争奪戦である。いまは国立演藝場で開催しているが、それでも数多くの人をお断りしている。一之輔師匠もこの人気ぶりに少々困惑気味で「本来は、当日券をたくさん出して、ふらっと来てもらえるような会にしたいんだけど……」と口にするが、いまやもうそのステージではない噺家なのである。

一之輔師匠、前座の頃は朝左久、ついこの前のように感じる。

江古田の銭湯の二階にある浅間湯、ここの二階の座敷で浅間湯落語会を開催したのが平成十

（一九九八）年、いまはもうなくなってしまったが、風情のある下町の商店街の落語会であった。いまだに一之輔師匠とはこの会場の話が出るくらいだ。この落語会に朝左久さんに前座で出ていただいた。それ以来のお付き合いである。夏の昼席に朝左久さんが来たのが初対面、これはいまも覚えている。彼は短パン、サンダル履き、まるでプール帰りのような恰好で来た。態度がふてぶてしいし、噺も堂々としていたのが印象に残ったものだ。自分の好みに合ったのですぐに稲葉亭に連絡して研精会に入っていただいた。

あるとき、わたしが研精会のプログラムで、会の日程を間違えて書いたことがありました。そのときに、お客さまに訂正を伝えてくれるように、当時の朝左久さんに頼んだのです。高座にあがった彼は、「次回は二月六日ではなく、二月一日」と何回も繰り返して、「馬鹿じゃないから、これだけ言ったらわかるでしょ」と、言い放った。高座のそでで聴いていた先輩の三三師匠が驚いていました。そのことを、一之輔師匠が真打ちになったときの口上で、三三さんが話した。「そこまで言うか」と。それほど一之輔師匠は、昔からふてぶてしかった。

一之輔師匠の大物の片鱗は、昔からありました。一之輔師匠の会をさせていただいているのは、彼からわたしへのプレゼントだと思います。真打ち昇進披露のときに、その寄席でのチケット販売を一手に引き受けました。これまでそうしたことは誰もやったことがなかったことでした。それを頼まれて、やりました。面倒なことで、それまで誰もやらなかったことでした。嬉しかったです。

《日本演藝若手研精会。十人の二ツ目メンバーがしのぎを削る会。稲葉守治さんが始めたが、最初は普通の落語会だった。その後、若手の固定メンバーにして、国立演藝場で会を行っていた。》

それまで研精会では、慣習として、先輩が次に入る人を指名してわたしに紹介してくれました。先輩が後輩を入れるのです。かつては、そうしたやり方が残っていました。悪しき風習だったかも知れません。

人選のこと、わたしが独断で決めています。いまは本人にも確認する。落語について、どう考えているのかと。落語に対する本人の心構え。伝統藝能の継承をどう考えているか。新作落語の人でも、古典落語をやるかどうかを訊きます。なかには「新作ですが、古典もやります」という若手もいます。もともと研精会は「いい場所で、一杯のお客さまの前でやらせてあげたい」というので、始まりました。伝承藝能である古典落語を勉強してもらいたいということで日本演藝若手研精会という仰仰しい名前ができました。

稲葉亭は、会を誰かに引き継がせたかったようです。そこで相談を受けた柳家三三さんが、稲葉亭に、「加藤さんはどうだろうか」と、推薦したようです。わたしは稲葉亭の会に行っていたし、わたしを弟子のように思ってくれていたようです。わたしも好きな会でした。引き継いで、最初は国立演藝場でしたが、会場費が高いことから、他を探しました。そこで見つけたのが、水天宮の日本橋劇場でした。そのころはまだ誰もそこで落語会をやっていなかった。最初は持ち出し。それからトントンになり、その他の会もやるようになりました。その後、研精会のイレギュラーの会を増やしました。ＯＢの会も。お客さまに年配の人が多いので、平日の昼間の会も行っています。それに、それぞれの持ち時間も少し長くするようにしたりしました。

歴代のメンバーは錚々たる顔ぶれで、いまの落語界の中核を担っている師匠方です。このメンバーの人選は先代席亭の稲葉亭。とにかく世話好き、面倒見のいい方でした。

スタート時は入場無料。しかし無料にすると、チケットを使わない人が多くなってしまい、泣く泣く五百円にして、いまは千円になっています。いまではいつでも使える共通券にしました。多いときで二百二十から二百三十人、平均で百五十人前後のお客さまが月一回の研精会に来ていただいております。二ツ目オンリーの月例会としてはよく入っているのではないかと思います。

ちょっといま、あのクオリティで、二ツ目の会で、毎月百五十人集める会はないでしょうね。一時、底をつきそうなころがあった。百人弱になったことが一、二回あった。そのときに、永遠に使える共通券にした。一之輔さんが研精会にいたころは必ず二百人を超えていました。現場でチケットを売るのが一番いいのです。会場でチケットの半分くらいが売れます。先々まで予定が、という人はいません。会場で見て、買うというのが一番喜ぶようです。いまは発売が早くなっていて、まるでクラシックコンサート並みになっています。石井亭が早めたんだと思います。いまでは半年前から発売するようになった。五カ月前からチケットは売っています。

研精会のいつでも使える共通券は、千円と手ごろで、二ツ目のいいのを見ることができます。国立演藝場でやれれば、なおさらだけど、いつかはそこに戻そうというのが先代との約束ですから。素晴らしい、いい会場でやらせたいということでした。入場料は任せるといわれました。彼らに貴重な体験をやらせてくれと。国立演藝場は全部やってくれるし、見た目もいいし。クオリティは断然違う。お客さまは会場費が安いことは関係ない。研精会は国立演藝場に戻れればいいなと。二百人以上、コンスタントにお客さまが来れば、国立演藝場に戻ることができる。国立演藝場は客席は三百席。年間パーフェクトに国立演藝場ではなく、たまに国立演藝場でやれればいいなと考えています、ゆくゆくは……。

研精会は愉しいね。一之輔師匠も、たい平師匠も十何年、前座からやった。自分から売り込んでくる落語家さんもいるが、わたしは自分の目で選んで決めたい。研精会は昔からのお客さまも結構いるんですよ。国立演藝場の時代を知っている人がいまでも二、三十人います。そうした目の肥えたお客さまが多く、聴きたくないときには、その反動で客席から出てくる。厳しい人が多い。自分の認めない若手はいやなんでしょうね。時間がないからとか言って帰るとか。用事があるとか言って、帰る。わたしにわざわざ言うんですよ。

おかげさまで研精会に入りたいといってくる若手も増えました。これだけ若手の勉強会があるにもかかわらず、「どうしたら入れますか?」と訊いてくる噺家さんもいました。やる気と噺家になった目的が明確な人、そして落語を愛している人、もし募集要項があるとしたら研精会はそんなところです。稲葉亭の頃は、ここで古典落語を勉強したいという項目がありました。偉そうなことを言いましたが、結局、人選の基準はわたしの好みということなのです。

とはいうものの、お客さまから何度となく質問されます。

「加藤さん、どうしてあの人を入れたの？」

「基準はなんなの？」

「〇〇さん、どうして入れないの？」

答えようがありません。わたしの好きな人を選んでいます。それだけです。

ほかに何もありません。研精会はわたしの好きなようにやっています、申し訳ありません、と答えるよりほかにないということなんです。

文化庁の助成金は断りました。そして回数を増やし、これからさらに回数は多くなってくるでしょう。採算があってくるかもしれない。赤字にならないように。仲入りに、前売りチケットを売りますが、百二十人お客さまが入ったら百枚は売れます。いまは少し減っているかな。前の落語家さんは自分で動いて、チケットを売った。動かなくなったのかも。厳しく言わないといけないのかもしれない。少なくともトリの人には。集客能力がない人もひとり、ふたり……三人ほどいる。

研精会に春風亭昇々さんを入れたときには、「珍しいね」と、言われました。わたしの好みとは違うと思われたのでしょう。みんなの好みは、違うと。やめようかなと思ったこともありました。それでも、研精会だけは手放せないのです。稲葉亭との約束だから。

その日の出演者によって、お客さまの数も違ってきます。トリを取れる実力があるかどうか。それぞれの集客力、刺激になる。他が変わると思う。見ていない人、聴いていない人もいると思う。これだけ、二ツ目の会があって、これだけ入っていますから、毎月百人以上入る会はないでしょう。それでも、もうちょっと集客したいと思います。

《いまの研精会のメンバーの十人は次の通り。

【柳家緑太】一九八四(昭和五十九)年八月二七日生まれ。二〇〇九(平成二十一)年、柳家花緑に入門。二〇一〇(平成二十二)年五月、前座となる。前座名、緑太。二〇一四(平成二十六)年十一月、二ツ目昇進。

【桂宮治】一九七六(昭和五十一)年十月七日生まれ。東京都品川区出身。二〇〇八(平成二十)年三月、初高座。二〇一二(平成二十四)年三月、二ツ目昇進。

【春風亭昇々】一九八四(昭和五十九)年十一月二十六日生まれ。二〇〇七(平成十九)年四月、春風亭昇太に入門。前座名、昇々。二〇一一(平成二十三)年四月、二ツ目昇進。

【入船亭小辰】二〇〇八(平成二〇)年二月、入船亭扇辰に入門。同年九月一日に前座となる。前座名、辰じん。二〇一二(平成二十四)年十一月、二ツ目昇進。小辰に改名。

【古今亭志ん吉】一九八〇(昭和五十五)年三月六日生まれ。二〇〇六(平成十八)年、古今亭志ん橋に入門。二〇〇七(平成十九)年三月、前座となる。前座名、志ん坊。二〇一〇(平成二十二)

年九月、二ツ目昇進。志ん吉と改名。

【春風亭正太郎】一九八一(昭和五十六)年八月二三日、東京都目黒区生まれ。二〇〇六(平成十七)年四月、春風亭正朝に入門。前座名、正太郎。同六月、初高座。二〇〇九(平成二十一)年十一月二ツ目に昇進。

【入船亭遊京】二〇一〇(平成二十二)年一〇月、入船亭扇遊に入門。二〇一一(平成二十三)年五月、前座となる。前座名、ゆう京。二〇一五(平成二十七)年十一月、二ツ目昇進。遊京と改名。

【柳亭こみち】二〇〇三(平成十五)年、柳亭燕路に入門。前座名、こみち。二〇〇六(平成十八)年十一月、二ツ目昇進。

【柳亭市楽】一九八一(昭和五十六)年四月十日生まれ。千葉県出身。二〇〇五(平成十七)年三月、柳亭市馬に入門。同年十一月、前座となる。前座名、市朗。二〇〇八(平成二十)年十一月。二ツ目昇進。市楽と改名。

【柳亭市童】一九九一(平成三)年六月一四日生まれ。北海道出身。柳亭市馬に入門。二〇一〇(平成二十二)年九月、前座。前座名、市助。二〇一五(平成二十七)年五月。二ツ目昇進。市童と改名。》

前座さんも用意してあります。

藝協さんの枚数が二枚になっています。宮治、昇々さんです。藝協さんは「もう一枚」となるが、わたしは、それにはへそを曲げる。こうしたことは、タイミングもあります。誰が真打ちになって、研精会を卒業するか。二十も三十もその枠があればいいけれども、それを増やすわけにはいかないのです。

研精会のスケジュールも多くしました。メンバーが十人いるので、出られない人もいます。それでも、昼なんかは空いているから。水天宮が借りられなかったので社会教育会館を借りました。今度は日本橋亭が取れた。そうして十人のためにやろうと、もっと研精会の回数を増やしました。商売的には、大丈夫なんじゃないですか。どんどん彼らを出したい。そうすることで、お客さまも喜んでくれます。そこでは、お客さまを呼べる人とそうじゃない人と差がついてきます。見えないところで、一軍、二軍ができてくる。顔付けもそう。だからバランスは難しいのです。

研精会には、いつも五人が出ているので、高座の時間が二十分。平日の昼はお客さまが、入るんですよ。わたしは必ず、顔は出します。忙しくても必ず顔を出します。事務所に近い、赤坂でやろうと思ったこともあります。

研精会のための、文化庁の補助金のための書類申請のため、ひとりの社員を雇わないといけないくらい労力が必要です。伝票の処理もたいへんです。だから、これからはオフィスエムズで主導することになりました。断ったら、文化庁の基金の選考委員からも電話がかかってきました。研精会は、文化庁の補助金の趣旨もぴったりだったのです。それだったら、もう少し補助金をくださいと口から出そうになりました。研精会にスポンサーがついたら楽なんですけどね。かつては、稲葉亭の会社ではなく、稲葉亭の同級生とかがスポンサーでついていたことがありました。会のとき、肉マンやあんまんを配っていました。そうしたものを仲入りにお客さまに配っていました。これが好評で、このお土産をもらいたいがためにやってくるお客さまもいました。

これからは、裏研精会やOB会をやるつもりです。チケットは共通のものです。計算すると、すごい回数になります。そうしたものを含めて、研精会を月に三本やる。出ると稽古になるからスケジュールが空いていれば出たいと言ってくれます。その先には国立演藝場。自分の経理になれば、先が読めますから。研精会をぜひ、地方でもやりたい。一回、名古屋の大須演藝場で、三部構成で、研精会をやったことがあります。最後のトリが出てきたときに、「朝からいた人は？」と、訊いた。「手をあげてください」と。お客さまに高座から訊いたら、朝からいた人が八割方いました。よく入りました。

変なたとえですが、いまある若手の会、二ツ目さんが軸にやっている会で、研精会が一番保守的な会であろうと思います。古典落語を研精する会と銘打っていますので、このあたりがあまりにも頑なで、今日的ではありません。いわば昭和の落語会の香りがする勉強会です。

この会、一時ネタ出ししたほうがいいというようなことを誰かに言われて一考しましたが、やはり現在のネタ出しナシの会で続いております。ネタ出しをしないというのがみそで、噺家さんにとっての勉強になるというシステムです。開口一番から当日の出演メンバーのなかで丁々発止が見られ、聴き手を楽しませてくれます。ネタ帳を見ると昭和五十五(一九八〇)年あたりは、ある人が「らくだ」をやれば、別の人が次の月に「らくだ」をやる。その人が「鰍沢」をやると、お返しに次の月に別の人が「鰍沢」でやり返すというバトルが続きました。火花散るバトル、これはすごかったです。いまもこれは続いています。

その日のお客さまを見ながら、前の人の高座を聴きながら、高座に上がってもまだネタが決まらないこともしばしば。ファンにはこれがたまりません。やはり、こういう刺激を求めてお客さまは毎回、通ってきます。四十年通い続けている古強者がいますよ。

わたしはよく客席を見ています。きまったお客さまがどこに座っているか、どう反応をしているかを見ています。出演者全員がお見送りするが、お客さまの反応を見ていればわかります。今日よかったのか満足したのか。

トリが上がると、締太鼓を片付けるために舞台袖に行きます。楽屋に入ったことはありませんが、袖には必ず行きます。トリの高座を食い入るように見ているメンバーもいます。こうやって人の高座を見ている人は伸びます。どんどん成長している。この世界、売れている人に限って努力しています。でも宮治さんだけは別ですね。売れてるから、そんな時間はない。まえの広島東洋カープのマエケン(前田健太)は練習量が極めて少ない。それでも勝っちゃう。体のなかにあるものすべてがそういう仕組みだから努力しなくても勝てる。反対に広島東洋カープの黒田博樹は人一倍走り込んで体をつくって、練習量は若手の二倍、この積み重ねがあって超一流の選手になった。宮治さんはマエケンだ。豪快でやかましく、荒削りだけどサービス精神たっぷりに、観客を強引に、首根っこを捕まえて自分の世界に引きずり込む、これは見事。割とこぢんまりとまとまっている研精会のメンバーのなかでは異質だ。この宮治さん効果で、他のメンバーも自分色を見つけ、ここのところ成長が著しい。正統で端正さを磨く、いわゆる古典の正統派という位置づけで見ているお客さまの観念をぶちこわす、そんな宮治さんとか昇々さんが良い意味で研精会に刺激を与えてくれている。

あるお客さまが「最近の研精会、品がなく、うるさいだけ。もうしばらく来ません」と、帰り際にこんなフィードバックをくれた。まさにそのとおりである。自分の観念、こうあるべきという色眼鏡、なかなか人間はこれを変えられない。

研精会でよくみかける光景のひとつに、自分の嫌いな噺家が出てくるとロビーに出てしまうお客さま。自分の観念に合う噺家が終わったらトリまで聴かないでさっさと帰ってしまうお客さま。この光景も研精会同様、前時代を感じさせるのである。

《いまでは、落語を古典落語と新作落語という分け方をする。古典落語という言葉は戦前にはなかった。戦前に書かれた落語に関する本には古典落語という言葉は出てこなかった。誰が最初に言い始めたのかは分からないが、NHKラジオが使い出し、その後、久保田万太郎とか、安藤鶴夫が、書き始めたのだという。本当の区別の仕方は、明治以降にできた落語が新作で、それ以前からあったものが、古典という分け方だ。》

「夢一夜」という会、ぜひ一度お越しください。手前味噌ですが良い会です。二人会は集客が難しいといわれますが、これは絶妙な組み合わせだと思っています。なんだかいろんな偶然が重なった会なんです。研精会も一之輔師匠が出ていたころ、昨今のバブル状態でお客さまがよく来てくれました。二百人超えがざらでした。月例で百五十人集まる二ツ目の会はそうはありません。千円のチケットを一之輔師匠が卒業したころから、このチケットを共通券にしようと思いつきました。月一回とイレギュラーで日本橋亭での昼席、いつでも使えるというやつです。これが当たりました。

この「夢一夜」という会は、研精会に一之輔さんが二ツ目になったころ、少し後に入ってきた夢吉さん、いまの夢丸師匠、この人の高座を見て、なぜかピンときました。懐かしい藝協の香りがプンプンしました。藝協はのんびりとしてほのぼのとして、明るくて陽気な高座を務める噺家さんが多くて、何にもましてお客さまがいい。ぎすぎすしていなくて、何でも許してくれる寛容なお客さまが多い。難しいことを言わないし、とにかく楽しければいいというお客さまで、藝協の寄席はのんびりできる空間でした。この夢丸師匠とぜひ一緒に会をやりたかったのです。久しぶりにこの顔付けにはワクワクしました。

稲葉亭はわかっていて「先々良くなるね。二人会はお客さまは来ないよ。難しいよ」と言われました。それぞれのお客さまを捕まえていてそれなりの集客を見込めるが、二人会になると客はそっぽを向くというのだ。この二人会とうのはいまだにこういう傾向があって開催するのが難しい。それもこれも承知でスタートした。初回は八十人。半分くらい稲葉亭が買ってくれた。この会を結局は見られなかった。亡くなる一週間ほど前だったか、有明の病院にお見舞いに行ったら、最近わたしがやっている会のダメ出しばかり、でもこの「夢一夜」は珍しく褒めてくれた。「数年後にはふたりとも看板になってるし、なにしろ落語協会と落語藝術協会の組み合わせで違和感なしでいいコンビだよ。このふたりはしばらくはお客が来ないけど、なんとかこっちを向かせるのがあなたの役目だからね」。そのとおりになったのか、そのプロセスにいるのかまだわからないが、長く続けていこうと思った。

落語通のなかではその名を知られていた桑原さん。「つる」じゃないけど白髪のご老人。この方はすごい。年間三百五十高座をライブで聴く。仕事をリタイアしてすぐに奥さんを亡くされ、それから寄席通い。この「夢一夜」のチケットを買ってくれました。これも当日間に合わず急逝。病院の公衆電話から「行けないんだよ。しばらく寄席にも行けないから、仲間の(寄席のご常連)みなさんによろしく伝えてよ」と、いつもと変わらない元気な声。その二週間後に訃報が入ってきました。息子さんに聞いたら、「親父は最後まで寄席仲間のことを考えていたみたいで身内にも何も言葉を残さず、寄席の友人の方々に挨拶していきました。晩年、落語と出合って数年がものすごく充実していました」とおっしゃいました。

もうひとり、戸原さん、この方はいつも下駄履きで落語会に来ていました。鈴本で倒れて亡くなった。それも、三増れ紋さん独楽の糸を手伝っていた最中に倒れたわけです。それくらい寄席が好きだったし、ウチにも頻繁に来てくれました。たくさんのお客さまも紹介してくれました。最後に交わした言葉、これは鮮明に覚えています。この言葉はわたしにとって勇気づけになっていて、いまだに忘れられません。「加藤さん、どうあれ、この会は辛抱して続けてね。最初のうちは(客は)入らないけど、そのほうがこれから楽しみでしょ。辛抱、辛抱」

お客さまに入ってもらえるように、ずいぶんいろんな手を使いました。わたしのことですから筋の通った正攻法ではありません。やることなすことすべて嘘や騙しばかり。一之輔ファンに「いつもと違う一之輔師匠をぜひ見てください、聴いてください。すごい夜になるでしょう」。なんとかこっちにもファンを取り込みたかったので、真一文字のお客さまにはどんなことでもやりました。「夢一夜」に関してはそれくらい力が入りました。まだまだこの会は開発途上ではありますが、少し大きな会場を借りてできるようにはなりました。このおふたり、はたから見てもほんとうに仲良しで、高座のおふたりとも弾けまくっています。

「三人集」という会、これは以前、市馬、三三、談春という人気者が組んで三人会をやろうということになりまして、銀座の喫茶店で深夜、クリームパフェを食べながら入念な打ち合わせをいたしました。わたしはただ見てるだけでしたが、御三方がどんどんアイデアを出してくださり、その場で第一回の番組が決まりました。たしかその場でゲストを決めて、了解も取り付け、会場もすぐ翌日に手配し、早い早いトントン拍子。もちろん、発売即日完売で大盛況。やはり出演者主導の会は内容はどうあれ、お客さまはそそられます。いい勉強会になりました。この「三人集」は数回続きました。

そして三年前になりますか、一蔵、市弥、小辰さんなんですよ。小辰の若手ユニットで「新版三人集」を立ち上げました。これもハナ（最初）は苦労しました。さん喬、権太楼、雲助、志ん橋、小満ん、小里ん……もう次元が違う師匠方が毎回ゲストで出演します。それでも会場の半分も埋まりませんでした。ただ、ゲストを呼んで、惰性でネタ三席、当番は二席という長丁場の会。数回やるうちに、これはうまくいっていないなあという空気が漂ってきました。お客さまをいつものようにお送りするのですが、みなさん疲れていて良い顔をしていないのがわかりました。この微妙な帰り際の空気を読めるかどうかがカギなんですが、どこに問題があるのか、先人たちの三人集、これは次元もスケールも役者も違うから比較にはなりません。それは当然なのですが、あえて比較してみることにしました。

ある日、三人集の楽屋で、わたしはあまり入りませんが、ここで「まえの三人集は何がすごかったかって、この企画を持っていったら三人がその日のうちに自分自身が冒険になり勉強になるような番組をつくってきたんだよ」と銀座の打ち合わせの話をしました。珍しくわたしも熱が入っていたような気がします。そしたらその日の深夜に三人で夜明かし、ひとりはベロベロ状態、それでも三人集六夜連続口演の番組を完成してきてくれました。赤坂会館で六夜、毎夜いろんな企画を盛り込んで、楽日は師匠十八番と題したものをやったりして、連日大盛況でありました。久しぶりに良い仕事をしたんだなあと思った次第です。

この三人の魅力はそれぞれに噺家になった目的がしっかりしていることだと思います。小辰さんの場合、普通に落語をやって面白い。そう思える久しぶりの噺家さん。とにかく勉強熱心。大御所でもくらいついて、その人の話を聞き、芸談を聞き、吸収する。三人集の楽屋で小満ん師匠の、いわゆるレベルの高い話、ある程度、人生経験をし、諸藝に通じていないとわからないような話にもついていき、それに対して質問し、自分に吸収する。この光景を目にしたとき、この人はすごいと思ったものだ。必ずこの人の時代が来るだろうし、先の話ではあるが落語界の真ん中に坐る人であろうと確信した。当人にはあまり聞かせたくはないのだが……。

一蔵さんの魅力は、寄席の隅々までいきわたるサービス精神と破壊力だ。このユニットの座頭であり、面倒見のいい親分肌。何があっても最後は自分が責任をとるといった男気を感じる。どちらかというと落語は下手。上手いのがいいとか、下手なのが悪いといっているわけではない。だから落語の奥は深い。くどいようだが下手なんだけど、強引に客を納得させる破壊力はすさましい。今回も毎夜の長講のすばらしいこと。一蔵の落語のエネルギーの底力を見せてくれたのだ。

このふたりにはさまっているのが市弥、これがまたじつにいい。役割をわかっているし、様子がいいので小辰贔屓も一蔵贔屓もウットリ眺めている。いま売れている。忙しい。落語で売れているのではなく、噺家でイケメンがいるということで売れている。わたしが好きなのはこの人が噺家になった目的、これがじつに明確だ。「みんなと楽しく酒が飲みたい！」ただそれだけ。落語が好きだとか、笑いを提供したいとか、人に喜んでもらいたいとか、テレビに出たいとか、冠番組を持ちたいとか、何もない。そんなことはどうでもいい。ただ楽しく酒が飲みたい。この潔さがいい。「よし、その了見が気に入った。一杯行くか」。市弥さん、この三人集は脇にまわってよく頑張ったと思います。ただし、小辰さんの稽古量に比べるとこの人、十分の一ぐらいだと思います、多分。まあいいか。

一之輔師匠もいろいろな場所で落語会をやっています。例えば、半蔵門の国立演藝場でやっている「真一文字の会」、虎ノ門のJTホールでやっている「J亭一之輔独演会」。地理的にはほとんど変わらないところで、開演時間も一緒、これが不思議なことに客層がまるで違う。違うことといったら入場料くらい。どちらもひとり会。一之輔師匠の追っかけとなれば両方とるけど、どうもこれはそうではない。虎ノ門近辺にお勤めのサラリーマンやOLにいわせれば断然、J亭ということになるのか。

確かに会場の雰囲気が違う。虎ノ門はいわばクラシック音楽のコンサートサロン。休憩中はワイン、ビールを楽しみながらという感じ。クラシカルな国立演藝場とは違う。会場で選ぶ場合もありということになるのであろう。「真一文字の会」はチケットが取りにくいからという理由でJ亭に流れることもあるのだろうが、はっきりしたことはわからない。あまり表だって言ってはいないが、落語会の質として「真一文字の会」は勉強会、いわば荒削りのネタを出したり、ネタおろしだったり、少々お客さまに甘える会。他方、J亭は独演会。本日はこれとこれを聴いていただきます、精一杯つとめますというような会。つまり、会の性質、コンセプトがまったく違うということである。やはり、どちらかが好き嫌いということなのだろう。なかなか集客が読めないところである。

いま、事務所を手伝ってもらっている倉重紀子さんは、共通の友人の紹介だった。

倉重さんは、最初から落語に興味があったわけではなかったが、わたしが熱く落語のこと、古典芸能のことを語るから、だんだん興味を持ち始め、いまでは月に二回は必ず歌舞伎座に行くようになった。とくに落語が好きな人はこの仕事は難しいですね。仕事にすると落語なんてまったく聴かなくなります。決して商売にするものではありません。落語には興味がありませんが、この仕事に興味があります、といってくれる仕事ができる人がいればすぐにでも手伝ってもらいます。しかし、そんな人はいません。

このあいだ、漫才のグランプリを見ていたら、みんなエネルギッシュで面白いし、間がいいですね。いまの漫才の間。笑いの質は落語とは違いますが、ここのところ落語が漫才の、あの間に近づいているような気がします。あの世界もたいへん、売れてからもたいへん、今度は生き残りをかける。日本一の漫才師を目指している人なんていないでしょう。そこが到達点ではないでしょう。売れて、テレビに出て、ひな壇で騒いで、冠番組を持って、そして今度は俳優になって……。バラエティ番組を見ていると、彼らの必死さがとても痛々しく感じるのです。すさまじい商売ですね。

落語のほうも、入ってくる人がすべて落語に興味があるわけではないでしょう。タレント志向の人、アイドル志向の人、古典落語が好きな人もいれば、人それぞれ。研精会に声をかける人に訊くのは「どうして落語家になったのか」ということです。これはいつも決めています。

落語っていいよね。例えば、あの噺、この部分で、あれがたまらないでしょ。亡くなった◯◯師匠、あれ最高ですよね……なんていう話ができる人がいいんですが。落語好きで、落語という藝能だけにある、笑いとかなんともいえぬ可笑しさ、そんな本質をおさえている人、なかなかいまはいなんですよね、こういう若い人には。こっち側、つまり落語ファンには結構いるんだけど、向こう（噺家を志して入門してくる人）にはいない。これは寂しい。そりゃ、若けりゃ、売れたい願望があるから、わたしの好みの噺家さんを目指したら、そんなの売れるわけがない。

一之輔師匠は、寄席が好きだというのがいいですね。小三治師匠も言ってますよね。「そこ（寄席）に出ていたいというのはいいじゃないですか」と、わたしも同感です。

寄席の空間、いいですね。昼下がりのまったりした感じ。子どもの頃、ここに住みたいと思っていました。いまだに大須の全盛期のあの小屋の雰囲気や香りが忘れられません。一之輔師匠が寄席が好きだというだけで、落語が上手いだけではなく、物事の本質を捉えることができる人だと思いました。これはかなり重要なことを言っているつもりです。この本質を捉えることができる人が売れていくんだと、これは断言できますね。

一之輔師匠はどんなに忙しくても研精会には出てくれました。小さい会場で手弁当の会も喜んで出てくれました。まあ出てくれるというのはできますが、喜んでというのは普通はないでしょう。浅間湯、江古田のあの落語会、汚い座敷の、これはこれで風情があって良い寄席でした。亡くなった御主人に拝み倒して使わせてもらった。日大の落研が会をやってました。日藝がすぐそばにあるので。商店街の真ん中にある銭湯の二階。いまだに一之輔師匠とここの会場の話になります。「まだ使えませんかね、やりたいですね」だって、嘘かほんとかわからないが多分、浅間湯落語会、出てくれるだろう。わたしが頼むから出るんじゃなくて、浅間湯でほんとうに落語をやりたいから出てくると思います。くどいようですが、この了見がいい。

寄席というのは、人気者も出れば、そうでない噺家さんも出る。自分の贔屓でない、はっきり言えば嫌いな人も出るし、なんだかわけのわからないような色物さんも出る。種々雑多、これがすごい。全部まとめてこのメニューを楽しむ。こういう流れを楽しむ空間、落語もそうだが、この空間でしゃべっていれば幸せという了見がいい。

談志師匠、ある後輩の噺家との待ち合わせで、来ないから業を煮やしてわたしに「いつになったら来るんだ」と言うので、「いま新宿のトリをやってこちらに伺います」と答えると、「まだあんな汚いところに出てるのか」。これはおかしかった。ひと言で寄席が好きなんだなあってのが伝わってくる。

なかなか最近では、一之輔師匠を捕まえるのは至難の業。スケジュールが取れない。でも浅間湯また誘ってみようと思う。

自分の好きな会をやるためには、儲ける会もやらないといけない。これでバランスをとっている。最近になって「やっと加藤さんらしい会が出てきたね。ミックスらしくて嬉しいよ」と、お客さまに言われるようになった。次の段階のプロのお試しは、こういう会にお客さまを呼ぶということ。こういう会とは自分の好みの会、自分の好きな噺家さんを集めた会、もっと言えば採算を考えない会、さらに言えば自分の趣味の会、早い話が自分の趣味でやっている会が採算を取れるようになれば一番いいのだが、これでは虫がよすぎる。さあどうしたものか。

わたしなりに考えがあるというか……まったくない。ここを考えなくてはいけないのだが、いや別にそうしなくてはいけないことはない、好きにするだけでしょう。

早くなりましたね、チケットの発売が。半年前からですよ。まるでウィーンフィル並です。いや、あちらは一年前ですかね。チケット争奪戦です。一之輔師匠の真一文字なんて早い早い。ぴあさんとかローソン、イープラスと違ってウチはアナログ対応ですから。三百キャパが対応できる限界です。午前九時販売スタートでホームページからのお申し込み受け付けでメールが瞬時に二百通も届きます。同時に電話でも対応。このさばきが難しい。これをふたりでやります。以前はひとりでやっていました。まえの本を出したころは、まだひとりでやっていた。これ、すごすぎます。夏場なんか裸にタオルの鉢巻きして、電話に出て筆記して、住所を聞かずになんとか、過去帳、いわゆる顧客名簿を見ながらひとりで三百席分を販売し、その日のうちに発送。前時代的でいいでしょう。

これをいまやるとその日に倒れてしまいます。でもついこのあいだまでやってたんだから、自分に頭が下がる。
このあいだ、少しばかりチャレンジの会をやらせてもらいました。七夕の会で、小さん芸語録というサブタイトルを付けて。七夕にちょうど会場が空いていて、小のぶ、小満ん、権太楼、小里んという柳家のベテランの師匠方に前を務めていただきました。仲入りを挟んで、三三、小菊、終いは市馬師匠という流れ。最前列で部分的にですが、久しぶりに聴かせていただきました。トントンと流れて膝の小菊師匠の高座を聴きながら、わたしも大人の会をやらせてもらえるようになったのかと悦に入って感慨深いものがありました。

《『五代目小さん芸語録』(中央公論新社)。柳家小里ん。石井徹也(聞き手)。柳家小さんの落語を受け継いでいこうと、五街道雲助、柳亭小燕枝、小里んがレギュラーとなって「師匠小さんが得意にしていた落語だけを演じる」という落語会を行なっていた。そこのプログラムに連載していたものを本にしたもの。》

赤坂の落語会はわたしの理想とする場所です。ビルの四階なのも、問題ない。内装と、椅子をきちんとする。高座も、きちんとする。せっかくだから、わたしは雰囲気を大切にしたい。それが赤坂につながります。入口からね。そうした小屋はないでしょ。それらしいのは、浅草のほうにある寿亭、やはりわたしは和室かな。みなさん、畳は苦手だという。そんなに年でもない人が「わたしは足が悪いから」と。会館だというから椅子だと思ったようです。「椅子を出してくれ」と言うが、ひとりに出すと、みんなに出さないといけないので、出さない。じか座りしても、ゆったりして、いい。じっくり聞ける。絶対に二時間以内。土曜とか日曜にやらなかったのは、借りられなかったから。国立演藝場は、土日、平日は、どこも埋まっている。すごいことです。だから、さらに次の年を取ることになる。取れないこともあります。抽選になってしまうことも。うちはゆっくりで、空いているところを取ります。

どこかの、銭湯の二階の小座敷で、定員五十人とか。千葉の方面で頑張っている、ある人は、両国寄席は使いやすく、いいとみたんだろうね。でも、お客さまはなかなか行かない。もともとあそこは、圓楽党の色が強くありますからね。それと、ある夕刊紙主催の落語会もそうですね。顔付けのセンスもいいところまできているんだけどね。ちょっと安易なのかな。自分のところの色が出てこないのは惜しいよねえ。そこは新宿の道楽亭の橋本さんのほうが少し上かなあ。行ったこともないけど。何か魂胆がね。わたしは打ち上げ代込みというのは駄目なんだなあ。ノラヤさんも一度行ってみたいね。わたしは飲めないからその気持ちはわからないが。

研精会のお客さまは、研精会のメンバーが真打ちになって巣立っていく、出世して上に行くともう来ない。この時期にだけ応援するというお客さまですよね。特殊です。出世して上に行くと、もう来ない。そのときだけ応援する。研精会のOB会にも行かない。二ツ目の会で、毎月百五十人集める会はないですよね。かつては、国立演藝場で二百五十か三百人が来ていた。注意を受けていた。

そのため始末書を書きました。立ち見は消防法で違法ですから、値段をあげましょうよと。最初は無料だった。その後、百円とか三百円とか。料金を取らないと来ないと。それだけでもすごいことです。目的は儲けではなくて、藝人さんが喜ぶためにやっていた。稲葉亭の目的はひとつ。若手の噺家さんに大きな箱(国立演藝場)でたくさんのお客さまの前で月一回落語をさせてあげたい、これだけ。その主旨で月一回の公演を四十年も続けている。

さきにも言いましたが、いまは落語ブームとはいっても、落語会に来て落語を楽しむのではなく、ひとりの噺家を追っかける個人追っかけのファンが多いということです。ひとりだけを目的にという、落語が好きというわけではなく、その個人が好きだというファン、複数の贔屓があって、そのグループを応援するというファン、さまざまですがトドのつまりが落語よりも噺家に会いに来るんです。反対に落語のご常連さんはこれはもう手厳しいですよ。飛ぶ鳥を落とす勢いの若手でも、あれは天狗になってるね、あれはやりすぎだ、あそこはダメですね……じつはこういう意見が会場に自然と充満してくるんです、これが不思議ですね。仲入りのロビーなどでは口々に良いことを言わない。別にその噺家を叩いているわけではないが、うまくいっている噺家に対して特に手厳しい。これがご常連さんの応援の仕方なのでしょう。

わたしのところへもご意見なるものがメールでどどっとやってきます。やっぱり売れている人は違うなあと感じながら、ある若手人気者の独演会から帰ってきて、メールを開くと、そういう良かったなあと感じた会に限って手厳しい感想メール。詳しいことは言えませんが、例えば羽生結弦に、きょうの四回転も良かったが五回転をやらなきゃダメだというようなハードルの高さがものすごいことになっている。うまくいっている部分を棚に上げて、そっちのほうばかり。少しかわいそうですが、こういうご常連さんがいてこそ自分をさらなる高みに押し上げてくれるのであろう。

しかしながらちょっとまずいのは、そういうまずい部分を探しまわっている人。これはつらい。これだと純粋に楽しめないだろう。いや、それが楽しみなのか。これが好きでやっているということを気付いていないのかもしれない。落語鑑賞だけではなく、人生のそういう生き方はどうかとは思う。偉そうなことを言うようですが、わたしがそうだからこんなことが言えるんです。

落語と出会い、むさぼるように聴きまくり、批評するようになり、うまくいってない、プラスの部分よりもマイナスの部分が気になり、いよいよ普通に落語を楽しむことができない。あるお客さまに連れられ湯島の鳥料理屋に行った。美味いんだけど、座敷が汚くてエアコンが古くて効かない。店を出て「どうでもいいけど暑いし汚いね、この店」と言うと、ごちそうしてくれた方が「言うのはそれだけか」ときた。「ごちそうさまでした」より、汚い店の批判が先かということ。言われて反省しきり。生き方そのものが万事につけこれ。言われて落ち込みました。

落語を聴きすぎると、落語国の人びとをとおして人情や人の業などを教えてくれるのに、自身の生き方が反対方向に行ってしまい病気になってしまうのである。落語マニアには洒落が通じないから、聴きすぎるとだんだん精神が病んできますよということを叱られるし、とても言えない。確かにそうかもしれないねと言って笑ってくれる人がさてどれだけいることやら。

チラシ入れって、われわれ落語会を主催している人にとっては重要な仕事です。集客に影響を及ぼすので、各社それぞれの担当者が、チラシを入れさせてもらえる落語会に頼んで入れさせていただきます。よみうりホールであれば昼夜公演で二千枚強。何十種類もあるのでこれがたいへんな作業になる。いちばん手の掛かる仕事かもしれません。演劇やクラシックのコンサートなんかに行くと、予め袋に入れてセットしてある。これの専門業者があるくらいです。わたしは根が無精なのでなかなかチラシを入れに行こうとしない。なのでスタッフによく叱られる。この作業でチラシが揃うと壮観です。ものすごい数のチラシ。大小さまざまな落語会、独演会、二人会、ユニットもの、企画もの、行政の管理する落語会、ホール落語会いわゆる老舗の会はほとんど見かけません。チラシの種類もモノクロ、カラー、写真入り、安価なもの、豪華なもの、A4サイズ、B5サイズ、多種多様です。

会場でチラシが並んでいるところを遠目で見ると、お客さまはモノクロの紙質の悪いものは持っていかない。これは埋もれてしまいます。人気があるのは豪華カラー印刷で写真が入っているもの。その会に来る来ないは別にして、そういうものしか持っていってくれません。

チラシを見ていると人気の落語会はすぐにわかる。そのチラシから伝わってくるものがやはり違う。ある中堅の師匠がこれはめったにやらないネタを通しで長丁場でやる会があった。デザインもすっきりしていて、いたってシンプル。だけど、このチラシを見たとき、この企画を立ち上げるまでの労力、出演者と主催者が組んで入念に打ち合わせをしてできあがった並々ならぬ努力が感じられた。お客さまはそういう裏事情をよく見ている。すぐにその臭いを嗅ぎつける。チケットが即完売だったそうだ。

企画力というのは、発想自体は長いあいだ落語を聴いていれば誰でもできるが、噺家さんに実際にそれをやっていただく、その持って行き方が非常に難しい。

石井亭は多いときで年に二十回のペースで落語会を開催してきた。体調を崩し、いまは企画だけで会の進行の手伝いはわたしがやっている。この石井亭がすごい。石井亭の企画は玄人好みを落語初心者に伝えるというそんな会なのだ。コンセプトもヴィジョンもしっかりしている。落語好事家がよだれを垂らすような企画。ネックは長丁場ということ。師匠を口説き落とす。師匠方は嫌な顔をする。石井亭はそれでも食い下がる。大師匠でも平気で一日四席やらせる。雲助師匠なんか「石井さん、そのネタ、やったことないよ」。石井亭すかさず「いやそれは確か昭和五十九年の会で……云々」と返す。師匠はたじたじ。

こうして師匠方を煩わせるような会が（お客さまが）入るんですね。これが企画力というやつです。

第四章 「碁泥」が好きだということ

落語に「碁泥」というのがあります。

「お前さんは誰だいっとぉ」

「泥棒です」

「泥棒かぁ〜。泥棒とは気が付かなかったな〜。泥棒ねっ。泥棒といくとっ、泥棒とくるっと。泥棒、泥棒。ははは っ、よ〜し、泥棒さんよく来たねっと」

子どもの頃、大須に珍しく馬生師匠が来ていて「碁泥」をやった。鮮明に覚えてる。なぜかこの部分だけ、サゲ間際の。ませた子どもだったと思う。「碁泥」がいいなんて、どうしてなのかわからないが、間抜けな主人と泥棒が子どもごころに面白かったのだろう。

でもこの噺、最近、とんと聴くことがなくなった。演り手がいない。いまの若い人にはこの噺、無理なんだろうと思う。バカウケする噺じゃないし、筋がない。そのうえ、碁が親の死に目より優先だというその人間の心理のみを描いていく。これは難しい。一歩間違えれば、まったく白々した空気が流れてしまう。馬生師匠は絶品だったですね。この噺は五代目小さんの十八番。同じ碁打ちの噺だと「笠碁」という、いわずとしれた十八番があり、こっちの噺のほうがポピュラーだ。

小学校五、六年生の頃、これを覚えて、親のまえでやったがまったく受けない。親は「あんた、なんでそんなつまらない噺を覚えてひとりでやって喜んでいるの」と迷惑そうに言った。おかしな子どもだった。あの泥棒が入ってくるあたりからおかしいことこのうえないのだ。わたしの笑いのツボなのである。この噺とか「千早振る」「出来心」「二十四孝」など、わたしの好きな噺だ。

落語はやっぱり、ほのぼのした、お気楽な、肩の凝らない、落とし噺がいい。寄席の空間でのんびり聴ければ最高だ。となるとやっぱり寄席である。老舗の落語会やホール落語のチケットを早くから手に入れて待ち遠しかった落語マニアのころでも、やっぱり寄席で聴くのが一番好きだった。落語が聴きたくて入った寄席、それは楽しかった。

わたしが一番聴いていたころの落語界は、圓生、正蔵、小さんというのが上置きで、川戸貞吉さんが言ったいわゆる「四天王」、志ん朝、談志、圓楽、圓蔵(柳朝という人もいた)が脂がのっていたころ。そのあいだを馬生師匠が埋めているという時代。ホール落語会はほぼこの人たちで埋まる、レギュラーというところだ。

もちろん、いま言ったような噺家を目指して寄席に行ったもんだから、これは自分のなかでたいへんな衝撃を受けるわけだ。出てくる噺家たちが知らない人ばかり。上手い人あり、そうでない人あり、よくわからないような人あり、これはすべて敬意を表して言っているわけで誤解してもらうと困るのですが、この脇の人たちがどっさり出てきて、いい出番をいわゆる売れっ子や大幹部が座るという構成。これはたまげた、この脇がいい、すべてにおいてよすぎる。そのころはたくさんいた。これに色物が、テレビで見る人もいれば、もちろん初見参の師匠方もいる。わたしはもうそれだけで参ってしまった。その衝撃はいまでも忘れられない。

どこから言おうか、別に聞きたくないでしょうが、わたしが言いたい。適当にいきますが、勝弥師匠、忘れられないとぼけた味。三蔵師匠、あの顔で「粗忽長屋」をやられたらもう轟沈、おかしすぎる。ドラマにばんばん出て、このあたりでスターダムの円之助師匠に出会えた喜びはなかった。いまドラマに出ている人が寄席に出ているんだみたいな。もう少しメジャークラスで志ん馬師匠。意地悪婆さん、二代目だったか。青島、志ん馬、高松しげおだったか。志ん馬師匠、「義眼」かなんかやって客席ひっくり返して、にこりと笑ってご機嫌に高座を降りる、そのあとは不機嫌そのもの。それはわたしにはわかるはずがないが、これはいまの歌笑師匠に聞いたことがある。体調が悪かったときも高座は陽気で、楽屋は不機嫌。見ているほうは関係ない。亡くなるまで、いや病に倒れて痩せた姿で上がっていたが、客席は受けまくりだった。これは先の歌奴師匠もそうだった。浅草の昼間の浅い出番から「ボケ老人」、客席がひっくり返った。菊語楼師匠も懐かしい。「権太楼のヤツ、いつも俺の悪口言っててんだろ」と、一度問い詰められたことがある。この師匠の噺は好きだった。嫌々やってんだか適当にやってんだか、寄席に来るのが面倒臭いのか、それもこれもひっくるめておかしかった。幹部だと先代馬楽師匠、この人の高座を一番多く聴いているように思う。別に統計を取っていたわけではないが、わたしの寄席で聴いた回数ベスト3は、馬楽、さん助、小せんの師匠方に多分なるだろう。わたしは馬楽師匠の追っかけで、師匠がトリを取ると必ずその芝居の半分くらいは見たと思う。最晩年、副会長になったときは飛び上がって喜んだ。珍しく鈴本のトリで馬楽十夜をやった。このときばかりは鈴本さんに敬意を抱いたものだ。おそらく最後だと思い、鈴本に通った。少々ネタの変更があったが、無事、ネタ出しの十夜は終わった。後年、談志家元と急に馬楽師匠の話になった。「『二番煎じ』はいいですよ」。嬉しかった。この「二番煎じ」は東京落語会での録音、贔屓目かもしれないが、いい。

さて、信愛するさん助師匠、丁髷のさん助。談志信者のわたしは、寄席での家元も通った。池袋が伝説だけど、新宿あたりの昼なんかもいい、トリではないとき。出てくるかどうか怪しい。それを承知で聴きに行く。いよいよ次だ、と待ち受ける談志信者のわたしが上手の木札を見ると、談志のはずがなんと「さん助」に、いわゆる代演なのである。ファンにとっては予めの告知があれば許されるが、これは許されるものではない。「金返せ！」となるところだが、さん助師匠があの顔で、もちろん丁髷で出てくると、客席が一瞬深い驚きのため息となり、なんともいえぬ空気が客席に蔓延するのである。そして、何が起こったのかという状態で、十五分の高座を何事もなかったかのように終えるさん助師匠。落胆の気持ちより、なんだかこういうスリルがわたしの心を動かし、いよいよ寄席病患者になっていくのであった。

わたしの寄席病に拍車をかけたのが、色物の先生方だ。落語協会にも藝術協会にもどっさりいました。染之助・染太郎師匠や三球・照代なんていうメジャークラスはいいに決まっているのだが、なんとも不思議で奇妙な人たちがまたいい。このあたりは色川武大(阿佐田哲也)先生の「寄席放浪記」にいっぱい出てきますね、懐かしい人たち。百面相の波多野(栄一)先生。初めて入った寄席でカウンターパンチ。ご自身で作った段ボール紙に馬の絵が描いてあって、その馬にまたがったカウボーイが機関銃で撃たれて、赤いリボンの血が流れる。聖徳太子の一万円札、おなじみの金色夜叉。時間があれば姑娘《クーニャン》。面白いというかあまりにも馬鹿馬鹿しくて誰もやらない。おかしな話だが、こんな藝なら一回見たらもういいよとなるのだが、そうならないのが不思議。こういう藝を見せつけられると、あとに談志、三平と人気者が出てきても波多野さんの印象で消えてしまう。Hフォンタクト、この人ドイツ人のお爺さんで、着物を着て出てくる。座り高座で釈台を前にギター漫談。ギターを弾くわけではない。手の甲でギターのあちこちを叩きながら、口でパーカッションとベースをやりながら演奏するという冗談音楽。ただそれだけ。たどたどしい日本語で最初に世相なんかを語ってすぐに演奏。これも面白いというか奇妙。大須の先先代の席亭の樋口さんと遠縁らしく、よく大須に出ていた。常連からは「待ってました！　たっぷり」と言われて、「当たり前や！」と返す。面白くもなんともない。こっちでは藝術協会に所属。漫才は竜子・竜夫のりゅうたつコンビ。夫婦漫才。生きていてくれたら絶対に呼びました。市馬独演会でお呼びしたいゲスト、筆頭が春日富士松・たけおの漫才。これはわたし好み。このたけおさんが若葉しげるになったり、若葉さんは南けんじさんと組んでいたこともある。この南けんじ先生は、わたしのやっているミックス寄席の五回目に出ていただいた。たけしさんの事務所からお祝いのファクスもいただいた。スイングボーイズのメンバーだった。そのあと、漫才を若葉しげるとやり、その後、漫談家に。好きな藝人さんだった。浅草のこと、藝界のことをよく教えていただいた。最後はガンで倒れ、そのあたりからいきなりスポットライトが当たりはじめ、病を笑い飛ばすってタイトルでテレビ取材も多くこなした。「閉店間際のパチンコで出始めちゃった」と御子息の藤山新太郎先生、これはおかしかった。白山先生にも間に合った。市馬落語集のゲストに来てくれました。紋也師匠も間に合った。師匠の最後のお仕事だったとか。桂子・好江師匠の桂子師匠はお元気。好江師匠は浅草にいたころ、なんだか気に入られ、よくお使いにやらされた。嬉しかったですよ。好江師匠に「加藤君、亀十さんへあとで行ってきてくれる」。使い奴、嬉しいですよね。元九郎先生「おい、先に行ってるからな」、下戸なのでこれは付き合い得ない。こっち(飲むお誘い)の担当は墨東キネマの滝口さん。この人は面白い。儲からないのに自分好みの会をやっている。寄席っていうのは昔は悪所と言われた。なんともいえぬ汚れた匂いが住みついた空間で、あまりにも奇妙な出演者を聴きながら過ごす空間。色川武大先生は「たくさんの出演者が出てきても、ほんとうにいい高座は一夜にひとつかふたつ。大部分は辛抱して聴かねばならない。退屈な寄席は苦痛でいてもたってもいられない。なぜ自分は貴重な時間をこんなところで過ごしているのか」とおっしゃる。同感だ。

ところが、寄席中毒となると、まさにその退屈を味わいに来ているので、寄席見物というのは現代においては贅沢な遊びなのである。もっとB級な、もっとマイナーな藝人さんのことを、色川先生じゃないが、このあたりの話をしだすと一晩や二晩では語りきれないのである。いま、この本を書いているのだが、やっぱりこういう話は筆が走る状態なのである。

《昔はこの噺「碁泥」は、マクラに使われていたという。碁が三度の飯よりも好きな二人。それ以上に好きなのが煙草。スパスパとやりながら、碁を打つ。熱くなって畳に焼け焦げを作る。おかみさんから怒られて、二人は火の気のない座敷で打って、終わるごとに、別室で煙草を吸うことで話が決まる。ところが、いざ始まってみると、まったくそうした約束も忘れてしまう。おかみさんは湯に出かける。そこに入って来たのが泥棒。こちらも二人に負けない碁狂い。誰もいないようなので、盗みに入って、仕事を終えて帰ろうとすると、そこの碁を打つ音がする。音のする方向に忍び足で向かう。みているだけでは、物足りない泥棒さん。つい口を出してしまう。「うるさいなあ」と。》

色物の先生方も落語会をやるうえで重要だ。ホール落語会といわれる老舗の研究会や朝日名人会、大手町落語会、三越落語会、紀伊國屋、このあたりは色物は入らない。落語オンリーだ。紀伊國屋は暮れだけ、仲入後に一本入る。

大小さまざまな会に色物さんを入れるのは、昔に比べて少なくなった。色物さんはいいから◯◯

師匠の噺、少しでも多く聴きたい、こういう声をよく聞く。

落語会ばかりやっていると、こういう貴重な色物の藝人さんを見てもらいたいという気持ちが高ぶってきて、「みんなのビックショー」を毎年夏休みに開催している。これは別に落語を聴いてもらいたいために、いや落語も聴いてもらいたいのだが、ほんとうのところは貴重な寄席の色物の先生方を見てもらうために毎年工夫をして顔付けしてやってます。うちとしては年間唯一のバラエティー公演ですね。なかなかウチのお客さまは来てくれません。ボンボンブラザーズの至藝、ぺぺ桜井先生……良き時代の寄席の最後の色物でしょう。

そんな藝人さんがいたことを目に焼き付けてもらいたい。


毎年やっている「年忘れ市馬落語集」。今年で十二回目になりました。第一部が一応、落語会、第二部が昭和歌謡コンサート。まず出演者が落語をやってというか、早いとこかたづけて、後半のメインイベントとなるわけだ。落語は十五分くらい、とんとんとんと師匠方が市馬師匠に気を遣ってやってくれる。これがお見事。落語を聴きに来たお客さまがずいぶん早いといって怒り出す。

後半はヒットパレード、みなさんの知らない初めて聴く古い歌ばかり。またまた一部の落語ファンが怒り出す。「もう三三は出ないのか。白酒もう一席やってくれよ、帰るから」てなもんだ。まんざらこれが冗談ではない。楽屋もすごい、これだけの顔合わせは見られない、錚錚《そうそう》たる顔ぶれ。この顔で真剣に落語会をやったら客は入るだろう。その師匠方には落語を少ししかやらせないで、自分の好きな歌ばったり聴かせる。志らく師匠がその光景を見て「これはうまいほうの寝床だ」と、これはうまい！　この日ばかりは楽屋はピリピリするところがなく、みなさん市馬師匠をからかったりして遊んでる。

座頭の市馬師匠は真剣そのもの。ゲストの権太楼師匠の楽屋からは発声練習の声が聞こえてきたりで、もうお祭り騒ぎ。楽屋には出番の師匠方も来てにぎやか。わたしもこの日は楽しい一日を過ごします。落語落語で毎日が過ぎ、それが生業とすればしょうがないこととといいながらこの日ばかりは落語から解放されて気分爽快でございます。あんなに好きだった落語もやはり商売になると、そんな気持ちにはなりますわね。

演奏はクミとニューサウンズオーケストラ、原さんのところにいたり、有馬徹だったり、東京ユニオンにいたりと一流どころの寄せ集めメンバー。クミ先生はこの世界の大ベテラン、有馬徹とノーチェ・クバーナのピアノ担当だった女史。正蔵師匠、忙しいのに毎回この日の夜のスケジュールもきちっと来てくれて演奏してくれる。いやはやバックボーンは豪華。歌うほうは気分が悪いはずがない。ご機嫌の師匠の唯一の一日である。つまり、この日ばかりは、お客さまは無視で、やってるこちらが楽しむ会。これはブーイング続出するはずですよね。

田中進さん、この人、落語鑑賞歴六十年の古強者。池袋に家元が上がると、客席にいる田中翁を捕まえて、なんだか「最近どうなんだ」とか差しで話し始める。何者かと思えば、ただ落語好きの普通のおじいさん。談志師匠によほどはまっていたんだろうか。この人「年忘れ市馬落語集」に毎年来て怒って帰る。そんなに嫌なら来なくていいのに、文句を言うために、わざわざ見に来る。「落語はたっぷり、唄は少しでいいんだよな」「もう唄はいいよ、やるなら少し」。小言はそんなに変わらない。この人、いまでもお付き合いがあります。圓朝祭でいつも手ぬぐいを何枚も使って縫い合わせた甚平を着てくるご老人、もうご存知でしょう。

目白夜会でひさしぶりに客になった。この会、石井亭の主宰でわたしは下働き。場所は庭の手入れがよく行き届いた目白庭園の赤鳥庵。茶事をやるような小さなお座敷。庭園が一望できる、落語会にぴったりの場所。石井亭が体調を崩し、いまはわたしが赤坂会館の稽古場に移してやっている。きょうは自分でチケットを買って、いや自分で売っているチケットを買って、ややこしい。とにかく時間ができたのでたっぷり客になって聴くことができた小満ん師匠の会に小燕枝師匠がゲスト。落語ファンにはたまらない番組である。小満ん師匠のいつものような静かな語り口が耳に心地よくながれ、ゲストの小燕枝師匠の登場。

出し物は「意地比べ」、言わずと知れた師の十八番。この師匠、若いころわたしは寄席で何度か聴いたが、正直久しぶりに聴いた。このとき、小燕枝師匠を聴いて、なんだか襟を正したというか、軽い衝撃が走ったのである。もちろん噺は結構、これが間違いないんだが、なんだか「もっとちゃんと落語を聴いてくださいね」と戒められたような気がして、このころから少しわたしのやっている会の顔付けが変わりだしたと思っている。そういう意味で、この「意地比べ」は単によかったというより、新たな気持ちを思い起こしてくれた、大げさに言えば起爆剤になった。

大小さまざまな会、落語会のいまを見聞きし、若い世代にフォーカスして追いかけ、多様な魅力を発信している、いまの落語、平成に生きてる落語の最前線を自分なりに見てきたつもりだったが、経営者としての視点がどうしても強くなり、小燕枝師匠のようないまの落語隆盛の基礎をつくったような噺家さんを見てきていないことにきづかされるのである。小満ん師匠や小里ん師匠、志ん橋師匠なんかの噺を聴くと、ああこういう落語を聴いて、この世界が好きになったんだろうという自分の気持ちの原点に戻るのである。

落語という商品はじつ幅が広い。小満ん師匠もいれば白鳥師匠もいる。日本酒もあれば、ワインもあれば、バナナジュースもあれば、煎茶もある。これをひっくるめて売るわけだが、それを飲むお客さまにも上戸もいれば下戸もいる、甘党もいれば、甘いのは受けつけないという人もいる。プロデューサーにとっては、集客する会はできるのであるが、いい落語会をつくるのが多難である。

経営者としてではなく、ただの落語好きの席亭の真似ごとを趣味でやっているわたしとしては、こういうオーソドックスなベテラン、中堅の噺家さんを聴かせたいなあという思いはいつもあるのですが……なかなかうまくはいきません。

先日、志の輔師匠の会に出かけました。入念な打ち合わせと照明機材、音響の細かなチェック、それはすごかった。隅々にまでの心憎い演出。落語は座布団一枚あればできるなんていうのとは別世界。客層が演劇とか有名どころのクラシックコンサートに似ている。こっちの常連は見当たらない。休憩時にワインを傾けるなどはまるで「トスカ」のロビーだ。落語も一人芝居のスペクタル絵巻。わたしは密かに、これは落語会経営者として思いをはせたこの千人の観客のなかに志の輔師匠の落語を聴いて「落語ってこんなにすごいんだ、今度寄席に行ってみよう!」なんていう人はどのくらいいるんだろうと。

あとで知り合いの主催者の方に聞いたら、ほとんどのお客さまが志の輔さんの落語会、今度いつですか? という質問だそうです。アンケートには、落語が好きになった、ほかにどこへ行けば落語が聴けますか? そんな質問などあるわけがないのだ。ここにいる人の三割でもいいからこっち(他の落語会や寄席)に来てほしいなあと思った自分が浅はかだった。やはり、志の輔師匠は噺家というよりエンターテイナーだ。体のなかに噺家ではなく特別なビジョンが埋めこまれているのでこればかりは仕方がない。

でも、「目黒のさんま」の最後のくだり、骨を毛抜きできれいに抜いて、一流料理人が調理した、お椀にして出されたさんま。すっかり形の変わったさんまを食してひと言「なんだこれは。違う、いや違うが、確かにさんまの味がする」というくだり。ここが、志の輔師匠を聴いた感想そのものである。志の輔落語、千人を惹き付ける藝の魔力。二時間の異次元空間に語られる物語。でもまてよ、どこか落語の匂いがする。匂いがするが……やっぱり違うか。

いま二ツ目さんの需要が多いですよね。三十人も入れば満員御礼になるような小さな会が多いし、これがいまの主流になりつつあります。三十人どころか十人限定の会などでてきました。こういう場所にほどよく、お断りすることなくお客さまが流れる。不思議なことにこのキャパで収まってしまう。それぞれのご常連が行ったり来たりでなかなかの盛況。あとはユニット、ちょっと古いがAKBですね。これも勢いがある。落語を聴いたことがない人、知らない人が、ここにたくさんいるんですね、これには驚きました。

いまから二十年ほど前からテレビの側ではキャラ設定がカテゴリーとして使われ出しました。タレントにキャラクターを植えつけるという、いわゆるキャラといわれるヤツ、もう個人設定なんですね。落語界もそう、落語じゃない、個人に興味がある。赤坂で落語会やっていても、例えば昇々さんを見に来る、手に届くところにいて、触れあえる、そんな距離で逢える、小さな空間。もうお客さまのなかでは昇々さんのキャラができあがっていて、まるごと楽しんでいる。ほとんどの人が落語っていう藝能を知らない人たち。なんであれ、二ツ目さんにスポットが当たって元気なのはいい。この時期、二つ目昇進半年が噺家の勝負どころだと、わたしは思っている。

噺家さんの真打ち披露の披露宴に行ったら、ある師匠が「加藤さん、この披露宴みてどう思う。彼は祝福されていると思いますか？」。怪訝そうなわたしに「めでたい席でこんなこと言ってはなんですが、これは縁を断ち切ろうとしているんですね。雰囲気でわかるんです」と言った。これはすごい言葉だ。真打ち披露宴というのはほとんどの場合、ここまで応援してきたけど、もうこれでおしまい、あとはもう勝手にやってくださいという縁切れの儀式だということだ。逆に売れっ子や抜擢真打ちの披露宴の場合はまったく逆。贔屓の方が、これからもよろしく、一生応援しますから、わたしのこと忘れないでくださいねとこれはずいぶん変わってくる。

偉そうだが、若手の噺家さんにいつもわたしは言う。「二ツ目昇進の半年が勝負どころだから、ここを心してね」。これ、まったく大きなお世話ですね。人にはそれぞれのペースがあって、生き方も違うから、好きなように道を歩いていきますよね。わたしが心配することではない。

でも披露宴での師匠の話は心に突き刺さったものだ。

二ツ目百花繚乱、女性噺家の数も多くなった。わたしが落語を聴きまくっていたころは、大阪の都(露の)師匠だけだった。隔世の感がある。この人たちも元気。

その昔、わたしが東京に出てきて練馬の中村橋に住んでいた頃、近くに住んでいた青山学院の女子大生が、先に話した田中進さんという落語好きのご老人と寄席で知り合って意気投合。どんなふうに投合したのかは知らないが、この女の子「どうしても立川談志に弟子入りしたい！」と言い出して泣きつかれ、田中翁、家元宅まで出かけて直談判。「女は人前で笑われるんじゃないよ、お帰りなさい」。彼女はこの言葉に感銘して退散した。そんなことがあった。そういう時代だったのか、いまでも家元はそうしたのか、それはわからないが。

女性だけの落語会もある。ユニット組んで、白鳥師匠の肝入りでウーマンズ落語会。それぞれのファンはみんなここに集結する。女性ばかりがずらり揃うと壮観だ。これはサンケイリビングの佐藤さんの当たり企画。

この佐藤さん、そんなに落語を聴いてるわけでもないのに次々といい企画を出してくる。物事万事、見てるようで観てない人が多いなか、この人、そんなに落語を見てないのに、ちゃんと見てる。物事の本質をつかんでいるので、わたしのように仕事なんだか趣味の延長なんだか中途半端に四十年もやってきたそんな経験ではあるが、それでも経験からいえばずっとまさっているであろうこのわたしと対等に落語会を企画している。大したものだ。企業人として培ってきたバイタリティとパワーでいい企画連発だ。いわゆる落語会のヒットメーカー。虎ノ門のJ亭落語会、白酒、三三、一之輔といういまの若手三羽烏の月例の独演会とスペシャル三人会。文蔵、扇辰、小せんの三K辰文舎、このネーミングはいい。日経ホールの「大手町落語会」。これはさん喬、権太楼師匠を軸にじわじわ地力をつけ始めている新参のホール落語会だ。いま難しいといわれるホール落語会として善戦している。

落語会の顔付けには毎回頭を悩ます。五人の顔付け。前半三人、仲入り後二人。それだけだがこれが難しい。順番や顔を少しいじると、集客がガラッと変わってくるのである。一般的に真打ち四人とサラの二ツ目さんの五人。五人だけだが難しい。落語会の番組がスムーズに流れるように運んでいるときほど、裏には完成度の高い理論があります。ホール落語会の番組構成はこれが成功のカギなんでしょう。

とし松師匠じゃないけど、落語会の企画なんて、一度やってごらんなさいよ……簡単にはいきませんから、なのである。

第五章　理想の落語会とは

先日の月曜日、久しぶりに休みがあった。その日は、完全なOFFでした。それはそれは楽しみで仕方がなかった。ほんとうに、これほど忙しくなってからは、休みという休みを取ることができなくなっています。その日に何をしたかって、朝から電話取りでした。それでも、ある師匠から今度の落語会でのネタのことで連絡があり、わたしが間違えたお師匠さんに三味線を頼んでしまったことがわかり、どうしたものかと。それでヒヤッとして、その電話のやり取りで、電話をあちこちにかけて、まあ、いつもと同じでしたが……もうパソコンの前に座っていました。あとはのんびり、電話を取っていました。その日は倉重さんも休みにしていますから、夕方には、銭湯のもっと大きなところに出かけて、ゆっくりと大好きな風呂につかった。これで英気を養って、五月は乗り切れるなって、なんとか。銭湯は裏切らない。家元の言葉である。

次は七月八月の会のチケットの発売になります。ひとりで行けるなあと。手伝ってくれる人がいるから、何とか乗り切ることができます。

わたしは、企画能力はあっても、経営者としての能力がないので、この先、十年で経営者としての能力を養わないといけません。義理人情を欠いても、そこは考えないといけません。事務所としても、寄席としての対応能力を養わなければいけません。経営者としての能力は、シビアだけど、算盤《そろばん》勘定、難しいですね。ギャラを払いすぎたとか、お客さまが入らないのがわかっていても、大きな会場を取るとか、そうしたことですね。

《倉重紀子さん。山口県萩市出身。加藤さんのところには、これまで何人も手伝いたい、ということで、落語会を運営する側での弟子入り志願者が訪れてきた。》

《倉重さんは話す。

「わたしは、加藤さんとのご縁で、これまで落語会を手伝っていました。

十年間くらい前から、加藤さんの落語会の受付をしていました。バイト代が貰えるので、人手が少ないときに、手伝っていました。その関係で、二年ほど前から、オフィスエムズで働くようになりました。それで、以前と比べて、落語に対して、一歩深く関わるようになった。落語の魅力についてですか。落語に関しては、ほんとうに、まだ何も知らないです。どちらかというと、加藤さんの人となりが楽しい方なので、その人となりが、楽しい。とても良い方だなと。押しつけがましくないのがいいです。そうした存在でいてくださる。

落語の世界というのは、入口が親切じゃないと思います。等身大で、感じさせてくれないといけない。高座から、向こうの世界。こちらの顔。新鮮で、『いいなあ』と思う。

こういうふうに、落語を見るんだと。こうして落語会で過しているんだなと思った。午後六時半か五十分ごろに落語会が始まる。その前に慌ただしくサラリーマンの人が駆けつけてきます。待合所に慌ただしく入ってくる。その姿を見ていて、『この人は目が温かくなる』という思いがした。『この方はいい時間をすごされているな』と。人生のバランスを取っている。

しみじみと楽しんでいるなと。地味な人たちがこの箱のなかに入っていくなと。初めて落語を見たのは、柳亭市馬師匠でした。子どものころは、小さん師匠をテレビで見ていた。

オフィスエムズも、かつてやっていたよりも大きな会をやるようになりました。それでも、赤坂の会のような落語会が原点なんだと。オフィスエムズの落語会は、バランスが取れていると思う。

赤坂の会場は、藝者さんが踊りの稽古をするようなところで、とてもよくできている場所だなと。日本の伝統のための空間で、整った場所だなと。空間のバランスの良さがわかった。高座の噺家さんとの距離感もいい。話している人もキラキラと輝いている。空気がきれいに流れているのがわかる。赤坂の赤坂会館で落語会を始めたのは、二〇一五(平成二十七)年十二月四日。それから毎週、落語会をやっています。まだまだ学んでいる途中です。

小さな失敗はいくつもある。めくりを出していなかったり。そのときには、噺家さんに注意された。

『落語は楽しいかどうか』

その落語会に、楽しい気持ちが流れているかどうかです」》

《落語会は赤字では続けられない。「自信はあります」と、倉重さんは言う。

赤字だと趣味の延長だという。そうした趣味の延長ではいけない、と言うのだ。大きな会とのバランスが大切になる。かつては、ＯＬやインテリア雑貨店の店長をやっていた。落語とは無縁だった。

「インテリア雑貨の店とは、空間を作るのは同じだ」と、倉重さんは言う。》

《「落語会は、何もないところからすべてを作る。そして二時間たったら、またすべてがなくなる。見えてくるものをまたひとつひとつかたちにしていく」と倉重さん。》

《倉重さんは落語は加藤さんの後ろについてやっていく。会場では挨拶をする。加藤さんは、ちょうど良い距離をとっている。加藤さんは、赤坂会館で、二〇一五(平成二十七)年十二月の柳亭市楽の会が始まるまえから、そわそわしていた。加藤さんの読みでは、お客さまは八人だった。どうしても会場に十人は呼びたいと話した。ここでもあまり欲はないようだ。再びここでは加藤さんの話に戻る。》

落語家さんのファンの人がいる。その人は、その落語家さんを追いかけて、落語会に行くのです。なかには、その小屋のファンの人がいます。その小屋の落語会には来るのですが、他の場所の落語会には行かないという人です。

どうして、そこに来るのか、他に、やっているじゃないと言うと、その小屋が仕事場に近いからだと言う。そういう人も、いっぱいいます。それで二百五十人や三百人のキャパの小屋がいっぱいになるのですから。ほんとうに、いろいろです。

洋服の世界でいうと、ショーウインドウに飾られている、奇抜なファッションは、スポットで、それはあまりにも過激すぎて、買う人はいないかもしれませんが、そのことで、いまの流行がわかります。トルソーに着せて展示されているものはスポット提案というやつで、売れないかもしれないが、流行はそれでわかるわけです。

落語会も、「東京かわら版」を見ているだけで流行はわかります。

わたしがやろうとしている落語会は、流行を追っていませんが、そこでは、わたしはプロだから、お客さまが入らないといけない。

看板二枚摑まえれば、大きなホールで落語会ができ、こちらが動く必要がない。これは楽だ。わたしは二枚摑まえると、逆にこれはチャンスとばかり、ぜひ聴いてもらいたい師匠方をそこで突っ込んでしまう。二人のファンの人にとっては大きなお世話だ。いらんことやるなという……人呼んで、大きなお世話企画、いいでしょ、これ。

理想の落語会とか、これからの落語会はとか、内容と質、そして集客も含めてどうしたら良いものができるのかとか、ここだけの話そんなことほんとうにどうでもいい、好きなことやっていられればね。そんなこと言ったら、ここでしゃべってること、終わっちゃう。

とにかく折角、噺家さんを聴いて、独演会に足を運ぶようになった、落語を好きになってくれるかもしれない、そうでないかもしれないが、そんな貴重なファンをこっち側にひき寄せたいから、もう必死です。大きなお世話の落語会、そこまでしてもどうしても聴かせたいし、なんでもやりました。チラシを作って、自分でサインして、わたしのサイン、これが可笑しい、なんであんたのサインなんか、そんなの欲しくない、ってそうなるでしょ。それがこのサイン、魔力というか磁力というか引き寄せる力がある。わたしは自分のサインを書いてるんですが、もらったほうは、贔屓の噺家さんだと勘違いする。もうめちゃめちゃ、これは単なるだましだ。嘘つきだとか、いい加減とかさんざんに言われる。お客さまのあいだには、オフィスエムズに騙されるなって、これが合言葉になってる。ホントの話。

騙されても来てくれる人がいる。ありがたいことです。一度、体験してくれればよしだ。また贔屓の独演会に行こうが、寄席に行ってみようかと思って行こうが、はたまたそこで出会った噺家さんを追っかけてみようが、落語はやめてほかのエンタメに行こうがすべてよし。それはそれでよしだ。その人の首根っこ捕まえてこっちの世界にこいってことは絶対にしない。そこまでの熱はない。

落語会の評価は、お見送りの際にすぐに返ってくる。うまくいかなかったら原因探してまたトライする。うまくいったらもうそれで終わり。同じことやっても面白くない。これはやってるほうですが。

江古田の銭湯の落語会、いつもお客さまはひとケタ。ツ離れしない。チラシを近所で撒いたり、声かけたり、銭湯のおやじさんに頼んだり、落語なんてまったく興味のない知り合いに声かけたり、やることとやっても来ない。ずっと数年、ひとケタが続いた。商店街から駅に向かって、お客さまが迷ってるんじゃないかと、行ったり来たり何回も往復したり、隣りの部屋からトランペットの演奏、これ音大生が練習してるんだけど、この音が漏れてくると、隣りに走っていって「お願いですからあと少しだけ(練習)止めてくれませんか」って。向こうは、そんなこと言われても、その条件でここを借りているんだからと口論になったりで、いま思えば懐かしい。

それでも毎日、この汚い座敷で落語会やりたいと思っていたんだからもの好きにもほどがある。欲しいものを手に入れようとするとき、楽に簡単に手に入れることが嫌なんだろう。欲しいものを手に入れるときはめちゃめちゃ苦労して、血みどろになりながら傷ついて手に入れる。そうでないと手に入れた充実感がない。これはわたしのエゴなんですね。手に入れるものより、そこへ行くプロセスが好きなんでしょう。そうでなければ浅間湯で落語会やって右往左往するわけがない。五年ほど続くんですから、この会、すごい執念ですね。

子どもの頃から仕事という言葉が嫌でした。卒業しても就職しても、仕事は嫌いでした、でも懸命に働きました。サラリーマン時代は仕事をゲームとして遊ぶように仕事してました。変な言い方かもしれませんが。だから、仕事を家に持ち込んででもやってました。ゲームだと思って、そうしないと働かない。

仕事って聞くと「仕事しなさい」とか、わたしを含めてだいたいの人が、仕事について、やらねばならぬこと、という負担感をもってます。仕事って聞くとそういう嫌なイメージがしっかり子どものころから植え付けられてるので、仕事と聞くと「なーんだ、また仕事か」となる。その延長線上にわたしのいまがあるわけなんです。

好きなことをやっていたい、それが仕事になればいい、金銭欲、出世欲はないけど、好きなことやって、わずかでもいいから人の役に立っていたいと思っていたのか小学校の卒業文集に「寄席をやりたい」と大きく書いたんです。

わたしの究極のエゴに「エムズの会はひと味違う」と言われることですね。わたしがいいといってる番組を認めてくれること。その評価がほしくてここまで来たんでしょう。

長講三人の会、権太楼師匠、褒めてくれる。「いい会だね、ありそうでないこの顔合わせ」さん喬、権太楼に桃太郎を入れて長講、わかる人にはわかる、なかなか集客がたいへん。来ればなんだかいつもと違う雰囲気だというのがわかる。組み合わせによってまったく異質な会になっていく見本のような会。「桃太郎アニさんの良さがわからない人は来ないでしょ。あの味は素人さんには難しいんだよね」。

高崎で落語会をやったとき、志ん朝師匠は早くから楽屋入り、権太楼師匠がこの日のことをよく憶えていて話してくれる。

「あんとき、矢来町が桃太郎さん高座に上がったとたんにモニターの音大きくして、食い入るように見ている。その姿はまるで観客になってる。嬉しそうに笑って聴いてる」。桃太郎師匠の落語を聴いてほしいのだが……。御通家のお客さまはこの手の落語を嫌がる。落語好きというのは、会がハネた後、近くで一杯飲みながら「今夜の志ん朝さんの『三枚起請』良かったねとか、あの『鰍沢』のお熊の色っぽいこと……」云々、こう語り合うのが常でこれが楽しい。

ところが、桃太郎師匠の落語は見事なまでに内容のないくだらない落語。せっかく今日の会を語ろうと思っても語りようがない。好事家からは嫌われるゆえんだろう。ほんとうはくだらないのが落語なんだけどね。

《桂歌丸さんがテレビ番組「笑点」の司会を降板することになり、世間の話題は、次は誰が司会を担当するのかということが話題になった。そのことで、ネットでは、アンケート調査が行われた。その際、加藤浩さんに二票入っていたという。そのことが落語会の会場で話題になって、笑いが起こった。「誰が入れたのか」と、加藤さんも笑っていた。まあ、それだけ愛されているということに違いない。》

《落語の世界では、お客さまが十人を超えることを「ツ離れ」という。「ひとつ、ふたつ……ここのつ」までは「つ」がつくという落語家の隠語だ。この夜の落語会はなかなか「ツ離れ」しなかった。開演の午後七時十五分までには、まだ少し時間があった。自身も客席に座った。少しでも、お客さまがいるように見せたい。それでも、見る人が見れば、加藤さんが座っているのは分かる。

加藤さんはそれでも幸せそうに落語を聴いていた。

こうした落語会をやりたかった。かつてのお客が入らなかったときのことを思い出していた。前日に、「年忘れ」と称した落語会があり、その会は、千人の会場だった。そこからわずか十人の会だ。大きなホールでの会とはまったく違っていた。それでも加藤さんは満足そうだった。自分のやりたかった落語会の基本に戻った。ここでの会が、今後、順調に成長する予感がしているようだった。》

落語会をやってみたいという人、わたしのことをたずねてよく来ます。来るもの拒まずで、いろなことを話してあげます。そんなこと聞いてないよ、ということまで話す。もう楽しいから一人でしゃべっています。サポートしてあげて第一回をやる、大方の人が挫折する。めんどくさい、飽きちゃう、続かない、お金が無くなる、やあ～めたで終了……幇間腹の若旦那だ。たくさんいた。地方の人や飲食店の方が多い。会社辞めて退職金使い切って立ち上げた人がいたが、どうなったのか、そこまでコミットしてやるような商売じゃないと思うが。

主催者になりたい人より、やはり応援するのは若い噺家さんのほうが力が入る。ある若手の噺家さん、稽古をつけてもらって、「あんちゃんの落語は、露店の啖呵売(でたとえる)その落語じゃ、お客は素通りされちゃう」と言われた。お客さまに聴いてもらえる態勢ができていないということだ。うまい啖呵売は、大したことがない商品を売っていても、お客さまは必ず足を止めて聴く。売れてる人はここが違う。研精会の宮治さん、仲入りで次回のチケットを売るのだが、この啖呵売にて即完売させる。これも藝である。客をそらさない落語。もっとも、嫌悪感を持つお客もいる。お客さまもそれぞれ、好き嫌いは誰にでもある。良い悪いではなくただそれだけの話。

わたしはあまり楽屋に行って噺家さんに声をかけたり、自分から話をし始めたりすることはしないが、若手のとくに二ツ目になったばかりの人には声をかけたくなる。落語に対する思いとか目標なんかを聞いてみたくなるが、とはいえ、やはり噺家さんのなかに入っていくのは苦手である。

これまでに、落語会で失敗したことがないと思われているかもしれないけど、最初の頃は、失敗続きだった。これまでに失敗したことは、いくつもあるけれども、それはそれで乗り切っています。どんな失敗かって。たとえば、違う会場に行ったりとか、ダブルブッキングとか。そうしたことだけでも、過去に二、三回ありますか。その気持ちは思い出したくない。あれって、全身がきゅーっとなるんですよ。深呼吸して、息してね、大丈夫、大丈夫と自分に言い聞かせた。そのトラブルに対抗する。

わたしの人生の師匠であるご老人、この人の言葉。「他人からクレームのこない人生なんてあり得ません。クレームをうまく処理できる人が、その道のリーダーになる人です。一番大きなクレームを処理できる人がトップです。クレーム、まあ事故でもいいでしょう。想定外のことが起きたときの処理能力がある人がトップに立つ人です」「文句言いに来たのに、帰るときは友達になってたなんていい話だろ」だって。

立川談志師匠が倒れたことがありました。オフィスエムズが主催する落語会だった。公演を中止するか、出演者を変えるか、それなら、どんなメンバーにするか。

深呼吸して、五、六分で、気分を変えた。すぐに考えて、談春さんのところに電話した。

「家元が倒れました。代演お願いできますか」

「そう。ほかの会はキャンセルなの」

「……」

「ほかのメンバーは」

柳亭市馬師匠はスケジュールが空いていた。

「ほかにはどういうメンバーにするか」

市馬師匠のスケジュールをわたしがすぐにおさえました。笑福亭鶴瓶師匠を考えていた。

「おれはいいから、鶴瓶師匠のところに電話してみたら」「そういうことでしたら、お伺いします」と談春さんは言ってくれました。鶴瓶、談春、市馬師匠の顔付けを思いついた。

運が良かった。何よりも、うちのほうには、購入者のリストがあった。これは電話して、すぐに事情を説明した。ぴあではすでに、この会のチケットを二百枚売っていました。しかし、個人情報ということで、情報がわからない。こういうことで、連絡したいと説明した。電話番号までは、出してもらえなかった。それでも、購入者の住所はわかった。その住所を見ただけで、この人、聞いたことがあるという人が多かった。二百件、電話を掛けまくった。

「代演は、談春、市馬、鶴瓶です」と説明しました。

「このチケットは、そのまま使えるの」

「使えます」

なかには、談志師匠じゃないと駄目だという人も当然、いました。

「これはえらいことになった」と思ったが、七割はそのままで、いいということになった。それ以外は、談志信者で、談志師匠以外は駄目な人なので。談志師匠じゃないと駄目で。会場は練馬文化会館の大きいところで。「俺は談志がいいんだ！」と、なかにはやせ我慢でキャンセルするという人もいました。

大丈夫です。ものの十分で判断ができた。

その他にも、林家正蔵師匠の会が、会場を抑えていたつもりだったが、手違いで、駄目だったことがあった。あとで、それがわかった。その日、その会場には別の人の会が入っていた。

「この会、何とかなりませんか」

「なりません」

そんなに入りませんからと勝手に言って。ダブルブッキングだった。すぐに正蔵師匠に電話した。「加藤さん、そんなにあやまることないから。わかった。大丈夫、大丈夫」と、正蔵師匠は言ってくれた。事なきを得た。

お江戸日本橋亭から、「かわら版を見ていたら、違う興行が入ってます」と、連絡があった。「それ違う」っていうのもあった。

日本橋亭の場合には、入金が半月前で、その予定が講談か何かが既に入っていたり。

上野広小路亭でも、そうしたこともありました。それで会の場所が三階の会議室になったこともあった。

両国亭で、鍵があいていないということもあった。すぐに電話したら、「そうだったっけ」と言う。その瞬間に鍵を壊して、あけた。これはウソ。鍵、取りに来いと。冗談じゃない、笑い話だ。

それでも落語家さんが来なかったことはない。談志師匠も、自信を持って言えるけど、わたしのときには、ぎりぎりに来られたということもない。談志師匠は状況判断ができる人が好きだった。あいつは状況判断ができないから駄目だと。そんな失敗はいっぱいありました。もし何か事故があったりとか。いまだに怖いよね。人一倍、怖いよね。藝人さんに対する心配はない。いつぞやは自分が高座に上がるからいい。想像して、ワクワクする。主催者がお詫びの挨拶をする。普通は、藝人さんが上がるのだから。

チラシの評価も高いのは嬉しいことです。あるとき、ひょっと見るとうちのチラシをブックカバーにしている人がいました。

「あれ、それはうちのチラシ?」

「そうです」

嬉しいよね。紙の厚さもちょうどいいようです。当然、センスもいいのだろう。

《世の中には知らないことも多い。勝手に思い込んでいることも多い。最近知ったことだ。アンデスメロンは、アンデス地方が原産で、それでアンデスメロンだというのだと思い込んでいた。ところが全く違っていた。アンデスメロンは、「安心です」という言葉から、さらに「メロンには芯がないから」と言うので、「安心です」から「しん」を抜いて、「アンデスメロン」になったというのだ。聞かないとわからないものだ。

加藤さんは、その日の落語会をとても楽しみにしていた。

たまたま銀座ブロッサムがその日、空いていた。五月五日だ。世間はゴールデンウイークだ。

「小さん孫弟子の会」だった。会を企画した石井さんも午前九時に、会場にやって来た。

加藤さんが現れたのは、そのすぐ後だった。重い荷物を両手に持って、ふうふうと言いながら、やってきた。チラシだった。主催する落語会が多いから仕方がない。それも自分で運んできた。持ってみると、あまりの重さに肩が抜けそうだった。さらに、太鼓も楽屋にすでに置いてきていた。

その荷物をひとりで運んできていた。すべてを自分ひとりでやることはできないから、運営をまかせられるところは任せる。それでも隅々まで、目配りは忘れない。加藤さんは最初に来て、全てに目を配る。チラシを組むことや、お客さまの誘導、楽屋での飲食の手配はすべて外注する。そこまでやっていると、人手がどのくらい必要なのか分からないからだ。任せられるところはもう、任せてしまうことにしている。何よりも大切な部分は自分で行う。

そうしたときも、最後の配慮は自分で行う。

会場のロビーでチラシを組み始めたときに、加藤さんは、自然に体が動いてしまうのか、つい同じように動いた。それがとてもおかしかった。何でも自分でやっていたからだ。今は、そこまでは自分でもしなくてもいいのに、体が動くようだ。ゴールデンウイークのこの時期に、お客さまの入りは心配だ。当日券もどのくらいでるのか。当然だが、お客さまに喜んで貰える落語会だと思う。それでも客席は三百五十人を越えた。その人数も気になるところだ。来てくれたお客さまへの挨拶も大切だ。次の会の落語会を知って貰って、そのチケットを買ってもらうこともある。何度も加藤さんは、楽屋とロビーを行ったり来たりした。今回は長丁場の落語会で、落語家さんの出演者の人数も多く、仕事が後であったり、別の仕事の後に会場に到着したりと、ばらばらに来るから、大変だった。加藤さんの大切な役割のひとつに、当日、その場で出演者のひとりひとりにギャラを手渡すということがある。全員の出演料はかなりの額で、それをひとりずつに渡す。しかも、そのときを見極める必要がある。落語家さんも、常に楽屋にいるわけではない。他の落語家さんの手前もある。ついでに、挨拶をして、次の会の打ち合わせをする人もいる。重要な仕事だ。加藤さんにしかできない。だから、お金の入った鞄は、家を出たときから、常に体から、手放すことはなかった。

お客さまの反応も気になる。満足して貰っているかどうかだ。

何よりも、今回の落語会では、加藤さん自身が愉しんでいた。生のお囃子、ネタ出しした噺、選んだ落語家が高座で輝いている。そのすべてが加藤さんの思っている落語会だった。すぐに噺に入ってくれたことを喜んだ。ながながとマクラを話されるのは厭だった。ロビーにあるモニターで高座の様子を聴きながら、まだ来るお客さまを出迎える。

「ほんとうなら、お客さまの愉しんでいる表情も見ながらが、いいんだけど」と言いながら、急に、階段を走ってあがる。一番後ろの扉からなかを覗《のぞ》く。そのときには、演者に配慮しながら、会場のなかに入る。

その日、ネタ出しをしていたから、ネタを書き出した紙は、朝、出がけに書いてきた。それでも、途中で、ネタを変えた師匠がひとりいて、そこで書き直す。さらさらと、加藤さんが書く。じつは、それも加藤さんの愉しみのひとつだ。

帰りにもまだ荷物は多い。太鼓まであるのだから仕方がない。それでも持ってきたときのチラシがないぶんだけ、少し軽くはなっている。それでも両手に荷物を抱えることになる。

お客さまが、追い出しが鳴るなか、会場をあとにする。

何人ものお客さまが、加藤さんに駆け寄って、耳元で何かを伝える。そういえば、加藤さんの落語会は、アンケートがないことに気付いた。今にも、加藤さんの声で、アンケートをしなくても、わかるのだという答えが聞こえてきそうだった。

最後まで残っていたお客さまがいた。加藤さんが書いたものを欲しがって、みんなお客さまが帰るのを待っていた。そうしたファンもいる。》

五月五日の会は、赤字になることはなかったのです。反省点はいろいろとありますが、あの会は、やって良かった。良い会だったと言われました。「軽くていいよね、寄席みたいな流れは」とも言われました。

反省会をしないといけない。自分のなかでも反省会をやりました。

だらだらと長い会でした。寄席ののりでやったから。だったら、寄席に行けばいいとも。寄席だと、見たくない人も出てくる。ホールだと、そうではない。考えてみたら、あの長さは昼夜で、やるべきものです。それでもお客さまには「良い会」だと言われました。これだけ、長くやっているのだったら、寄席に行けばいいということも言われました。そうしたところは、マイナス面ですね。この落語会には、寄席の風情がないだけだった。この値段はお得だったかもしれない。なかには、時間が長いのは駄目だという人もいます。

今回、実際にやってみて、そのオチは、落語会はゴールデンウイークにやるものではないということが分かったということだった。それでも、こうした会を実際にやらないと自分の勉強にはならないということです。

《会社にいたときに、人それぞれで廊下の歩き方がそれぞれ違って、面白かった。端を歩く人、真ん中を歩く人、その人の人柄がすべて出ていた。それを見ているだけでわかったような気がした。人はそれぞれなのだ。何よりも、自分の歩き方がわからないから、また面白かった。》

「普通にしゃべって、笑わせて、それがいいな」と言うお客さまもいる。でも、圧倒的なのは、刺激を求めてやってくるお客さまだ。落語は「普通に喋って、普通に笑わせればいい」

そのことは基本だと思います。じつは、そのことが一番難しいことでもあるのです。だから、いまの落語家でもそうですが、普通に喋って、普通に笑わせることができる落語家は少ないのです。実際に、時代とともにというよりも、年とともにお客さまも変わってきています。お客さまは、落語会に、刺激を求めてやって来ます。すると、さらに強い刺激を求めるようになります。それは仕方がないことで、高座の落語家の刺激はさらに強くなってきます。そこにはもう、普通のものを求めてやってくるお客さまはいなくなってしまいます。第一、そっちのほうがお客さまが多いのですから。だから、興行師としてみれば、いまは非常に苦しいですね。自分の好きなものをやろうとするとお客さまは入らない。だから、お客さまが求めているものをやることになります。それはまだ自分の好きなものではないのですから。

どちらをやればいいのか、悩ましいところではあります。

今度の「七夕の会」も最初は不安でした。お客さまは、七割入ればいいかなと最初は思っていました。

《七夕の会というのは、加藤さんが企画した。正式には「七夕七人会」という名称だ。七夕の夜に、小さん師匠の藝を引き継いだ七人が東京・大手町のよみうり大手町ホールで会を開催した。

夜の落語会は普通、午後七時ごろから始まり、九時すぎに終わる。公共の会場では午後九時になると会場の空調が嫌がらせのように、ぴたりと止まるところもある。撤収の時間も厳密に決められているから、だらだらと長く会をやっているわけにはいかない。

七月七日の会は七人が参加する会で、長時間になることから、いつもよりも早い時間からのスタートとなる。入口では、大手町のホールではなく、有楽町のよみうりホールと間違えて、慌てて駆けつけたお客さまもいた。そうしたなか、加藤さんは、出演する落語家さんへの対応に追われていた。楽屋でひとりひとりに挨拶していた。その際、腰はあくまでも低く、床の上に、膝をついている。それで、まっすぐに相手を見ながら話していた。前回の会でお世話になったお礼を言って、これからのことを短く話す。こうした絶妙な距離感は、加藤さんにしかできない。他の誰かに任せることはできない。

この会で、加藤さんは初めて、それぞれの落語家さんにネタの注文をしていた。

七人が出ることで、ネタを決めておかないと、そこで落語家さんに大きな負担をかけることになるという配慮からだった。三人や四人の会なら、それはないが、七人となると、トリを務める落語家の負担は大きくなってしまう。落語会では、ネタがつくことは駄目だとされるからだ。

小さん師匠のネタをそれぞれの落語家に要求していた。なかでも、柳家小のぶ師匠に「粗忽長屋」を頼んでいた。それが一番、小のぶ師匠に合っていると思っていた。実際に、会場のお客さまの反応も良かった。若い人たちも笑っていた。それを見て、加藤さんも満足そうだった。

仲入り後、加藤さんは、もうすでに翌日の落語会のことをシミュレーションしていた。「明日も落語会がありますから」と。頭のなかは、翌日のふたつの落語会のことでもう、いっぱいになっていた。

翌日の会のことで、少し前に連絡があり、前座さんの都合が付かなかったといきなり言われた。というのも、その会では、前座さんをひとりだけ手配していたものの、それだと会が始まって、前座さんが出ると誰が太鼓を叩くかということになった。他の人を探さないといけない。

加藤さんはすぐに、その手配をした。

それでも、会の途中でいつものように、客席から会場を眺めて、お客さまが満足しているかどうかを確認していた。最初は、外の高座を見ながら、お客さまの反応を愉しんでもいた。

翌日の落語会で、加藤さんは、出囃子のＣＤを持っていくことを忘れてしまって、会場に着いて、初めて気がついた。

そうした失敗もあまり苦にはしない。加藤さんの性格だろうか。》

落語家さんにも、普通にやって面白い人がいないのです。
われわれは、ビールもウオッカも、クリームソーダも売らないといけない。いろいろと売るのはたいへんです。でも、それをやろうとしている。基本は、お客さまの好き嫌いだから。わたしの知り合いで、柳家小三治さんが大嫌いだという落語通の、落語ファンの人がいますから。結局、好き嫌いが基準。生理に合うか会わないということだ。

プロとしてやる以上は、これを仕事にしているわけですから。我慢するところもあり、そのぎりぎりのところでやっています。自分の好みとお客さまの接点がとても重要です。自分としては、ほんとうは、大きなところではやりたくはない。それでも、プロとしては、そうしたところでやらざるを得ない。今回の七夕の会も、チケットが売れたのは四百四十枚〜五十枚といったところです。だから、点数を付けるとしたら八〇点くらいかな。

どこがマイナスかというと、時間に難があった。七人で精一杯ですよね。六時すぎからはじめて、九時過ぎに終わる。お客さまは九時をすぎると、そわそわし始めるのです。帰る時間が気になる。そうすると、他のお客さまも気が散ることになる。九時まわったところで、市馬師匠が上がって、不動坊をやった。九時まわったところで師匠が上がって、不動坊が始まったのでお客さまはそこでそわそわし出した。これは定時に終わんないだろうという不安からか。それでもなんでもきっちり終えた、九時三十分終演。なんとか間に合った。お客さまは、噺は長く聴きたいでも遅くならないうちに帰りたい。結論は、せっかくいい会なんだから昼間にやってほしい、というご意見多数。これは当たりまえの話。今後の課題だとか反省点だとかまったく思わない、それはできない、やれない、ごめんなさいで、お客さまの意見を聞くだけ聞いてこの日は終わった。

関山先生が亡くなって、珍しくお通夜と本葬に行き、そこで先生の写真やら、展示してあった遺品を見ながら、わたしは悶々としていました。懐かしい先生の主催の会のプログラム、眺めながら、自分のやってる会と比較して、なんだかいろんな思いがこみ上げてきました。浅草で師走四景やって、小さな会ですが、お客さまからの評判もよく「やっと加藤らしくなってきたね」なんてわたしを煽るような嬉しいこと言ってくれるので、こっちのほうに舵を切りだしたところだったので……関山先生の顔見ながら、やっぱりこっちですね、心のなかでお話して帰ってきました。

落語会をやっていけると思うまでには、十年くらいかかりました。平成五〜九年……平成九年に立ち上げました。それまでは、できるかどうか、悶悶としていました。

最近、後輩から、新しく落語会をやりたいという相談を受けました。サラリーマンとしてやっていたその人には、やったほうがいいと、アドバイスしました。自分の夢は実現させたほうがいいからです。落語会をやり始めた自分の最初のころのことを思い出した。どうしても席亭をやりたいのだという。やりたければ、やったほうがいい。それでも、十年は苦労するでしょう。信用がつくまでは、十年かかるから。それでもやりたいことはやったほうがいい。わたしも、やめようとは思わなかった。自分でもよくやっていた。どうしてかなあ。当時、チラシはみすぼらしかった。いまのように印刷屋に出したわけではありません。

それでも、三味線は入れました。そのころから、三味線を使ってやっていました。自分は、それで落語を好きになったのだから、それをやりたいから、それでも経費を考えていました。お客さまも喜んでくれました。贅沢だなと感じてくれる人もいたでしょう。でも、そこにこだわりました。

七夕の会ですが、これだけの落語家さんを出すのだから、どうやってギャラを払うんだということになってしまった。また算数ができないわたしですよ。自分でも、あれっ、しまったとなった。お客さまが満杯になっても、ギャラが払えないっていうことになってしまった。興行師としての自分と、昔からの落語好きとしての自分とのその鬩《せめ》ぎ合いがいつまでも続いていました。

そこに行きつくまでのプロセスで、自分の落語会に対する思いが、いったりきたりしてしまう。自分でもよくわかっていますが、そこにもうひとり誰か落語家を入れていたら、満員でも、この会は赤字になる。巧みなプロデューサーなら、柳家三三師匠だけにして、彼に四席やってもらうかもしれない。しかし、三三師匠は独演会なら受けないでしょうね。そうしたことも自分ではわかっています。もしも、市馬、三三、権太楼師匠がOKなら、二人会のほうが営業的にはいいに決まっている。それ以上の人数の落語家を出すようなら、それだけギャラもかかることになります。だから

「加藤さんは計算ができない」と言われる。だから会場が満杯になっても儲からない。誰が考えても、儲からないことをやっているとしか思えない。それでも、こうした会が好きだから仕方がないでしょう。もっと巧みなプロデューサーなら、ひとりの落語家に四席やらせるでしょうね。もっとも、落語家さんが首を縦に振らないでしょうが。落語家さんもメンバーを見て、その会が、どういう会だかがわかる。

独演会ではお客さまを呼べる落語家でも、二人会だとお客さまが来ないということもあります。お客さまには、お目当ての落語家さんがいます。その落語家さんだけを聴きたいのです。そこは難しいところです。

お客さまが、「きょうは何席やりますか?」と、事務所に訊いてくることがあります。何席やろうが、二時間といっているのだから、それでいいでしょ、と答えることにしている。「そうか」と、お客さまはそれで納得します。何席やるかというよりも、自分の目当ての落語家さんの噺を、ちょっとでも多く聴きたいと思うのかなあ。自分がわくわくする会でないと、ぜんぜん、やりたくないのです。それは自分のわがままかもしれない。それでも、ほんとうは、自分が見てみたい会でないと、やはりやりたくないという気持ちが強いですね。

いま、赤坂倶楽部という落語会を行なっています。赤坂の藝者さんたちの稽古場を借りて、そこで会を始めました。かつて、ここのことをある落語家さんに聞いたことがあった。そのときのことが頭のどこかに残っていて、それであるとき、たまたまその前を歩いていて、ここがそうかと思って見たら、落語会にちょうどいいことがわかった。

偶然です。昔、TBSがやっていたということですよね。たまたま十数年前に、赤坂会館という会場があるということを聞きました。自分で想像していた。ビルのなかにお座敷があるんだろうなと。ちょっと座布団の数が少ないかなと。稽古場だから。畳じゃない。今季の冬は乗り切った。できれば、御簾があればいいが、それはない。後ろでもいいのかと訊いた。いいんですって、三味線はそのほうがやりやすいと。定席の寄席をやりたい。こんなに早くできるとは思っていなかった。うちのカミさんは、それが夢ならやらせてやりたいと言っている。ここを借りてやればいいと。値段の交渉をして、使用料は少し高いかなあ。難しいところです。もう少し安いほうが助かるなあ。

最近では、落語がよくテレビで取り上げられたりします。若者に、落語ブームかと取り上げたりされますが、別にそうではありません。大須演藝場で、うらぶれたところで見ていたのが好きで、大勢が押し寄せるのは好きではないからです。自分のやっていることとは反比例しているのかもしれません。

落語会をやるのは道楽ではないのだから。

若手の噺家さんの会をいまここで続けています。月十本から十五本。まだ公になっていませんが十日公演なんかはやるつもりです。この夏の三人集の成功は自信になりました。これができたら少しずつ夢に近づけるかもしれません。

なんだか赤坂に行くとこんな贅沢な遊びをさせてもらっていいのかなあと思います。

落語会をやっていて前座さんにはお世話になります。この人たちとは結構コミュニケーションを図るようにしています。この人たちがいなくては落語会は成立しません。

前座さんはこの四年間、見習い期間を含めると五年間、人間形成修業をしますが、この修業が、落語界で生きていこうと決めた人、この世界をやめて違う道を歩む人、どちらにせよ、今後の人生に役に立つと思います。気配り、話の聞き方、作法、了見、とにかく自分の人格すべてを消去して、人の世話をする。自由時間もなければ、行動も制御される五年間、これは壮絶な修業なのであります。この五年間の修業を終えて、晴れて二ツ目に昇進すると、やっと解放されます。このあたりでやっと自由に活動することができるのですが、嬉しさと希望に満ち溢れたこの時期に、人それぞれ、その人の自我が芽生え、エゴが見え隠れするので、これを観察するのがこちらも勉強になります。

ひと言余計という子がいます。師匠から何度となく小言を言われ、その場では、これから気をつけますで、これがなかなか終わらない。この子はよくわかっていないんですね。注意されても、何度も繰り返す。人の話をよく聞くというのは、人間の高度な技術なんですね。人と言葉のキャッチボールができない。キャッチしたボールをただ投げているだけ。人から受けとったボールをよく味わってから返さないと、言葉のキャッチボールにはならない。

この子と会話をしてると、こちらの話が終わらないうちに返事をする。必ず「はい、わかりました」と言う。なにもわかってない。これだと会話ができない。どうしても人の話を聞けないのではなく、聞かないのだ。簡単なことだとお思いでしょうが、これが治るのにはかなりの時間がかかる。

落語を聴いたらそれが丸わかり。全然、会話になってない。相手の話を聞いていないから、会話になってないし、台詞が腹に入っていない。落語をいっぱい稽古してもこれは無理。源の自分がシフトするしか手がない。

愛が閉じている子がいます。学業は優秀な子でした。頭がいい、一流大学出身。厳格な親から厳しく育てられた。親の敷いたレールに乗って、たぶん挫折なしでここまで来たんだと思う。あまり他人と心からの付き合いはしない子だ。人の痛みがわからないのだ。それが落語にそのまま出る。与太郎噺をやる。与太郎を演じるとこれ以上ないほどのバカそのものに演じる。この人、噺に登場する与太郎に対してまったく愛がない。与太郎をバカにしきっている。上から目線というやつ。ゆえにまったく笑えない。

人との接し方、上からではなく、一緒の目線で人と接する。そして分かち合う。なかなか心が閉じてしまって、そうかといって無理にこじ開けることができず、このあたりのことをクリアしていかないと、落語はできないであろう。稽古しようが勉強しようが、ここに気が付かなければ、落語は語れないと思う。

藝は人なりというが、落語よりまず自分を磨かなければ、いい落語はできない。これは断言する。落語というものは、誰でも、その人の落語を聴けばすぐその人のことがわかるというものだ。修業時代にこれらがクリアになればいいなあ……といつも思うのですが。

落語を聴くうえで、いろんな抽き出しを持っていると鑑賞の幅が広がっていい。歌舞伎なんか見ているとだいぶ違ってくる。わたしも地方出身者ではあるが、町内に寄席があったり、御園座が近くにあったりで、そんな環境にあったので、古典藝能には慣れるのは早かった。落語だけではなく、ありとあらゆる藝事を貪るように見聞きした。

小学校の頃は学校の図書館には行かず、通ったのは近所にある御園座の地下にある演劇図書館。あここに出入りして、地下食堂の吉富さんの大きいお婆さんがよくおでんをごちそうしてくれた。あの頃、腰が曲がっていたから八十を越えていただろう。年寄りと付き合うのが好きで、いろんな話を聞いた。劇場の食堂だからよく知っている。興味を持ち始めたのは、落語が最初かそれとも芝居が先か、同時だったかは定かではないが、祖父の日記を見ると、どうやら歌舞伎鑑賞が一番先だったようである。

昭和四十一年、御園座、十一代目団十郎襲名興行。歌舞伎を観ないで、客席、三階席の一番後ろでおとなしくじっとしていたらしい。これは自慢話。十一代目ですよ、いまの海老蔵さんのお爺さんの。

帰ってきて番付に鉛筆で何か書いてある。役者の名前に何代目とか香盤順を書いたり、役者の名前を書いたり、招きを書いたり、とにかく書いてばかりいたらしい。この芝居の切り(最後)の演し物が近江のお兼。長唄の舞踊。そして副題がついて、おなじみの団十郎娘だ。これを踊ったのが当時、新派の市川翠扇、これが子どもの頃まったく理解できないのである。歌舞伎というものは男が演じるもので、女は舞台には上がれないというふうに教えられていたので、これが最初の疑問であった。そのことはよく覚えている。おかげで翠扇の名前もすぐに憶え、書けるようになった。

この翠扇さんは成田屋の血筋で、この頃は新派の若手連。のちに有吉佐和子の「三婆」で観る。翠扇は本妻だったと思う。このときのコンビ、お妾さんが一の宮あつ子、これが絶品だ。市川翠扇、一の宮あつ子、丹阿彌谷津子、三婆、全部見てるが、このメンバーがベスト。一の宮あつ子がいなきゃダメ。この役と三木のり平の「あかさたな」の本妻役、「台所太平記」やテレビだと「女と味噌汁」の金時姐さん。池内さんの代表作。山岡久乃や長山藍子がどんなにがんばってもこの人がいなくては話にならない、それくらい存在感のあるバイプレーヤーだ。日比谷の藝術座あたりを歩くと、やはり菊田一夫と一宮あつ子を思い出す。

森光子は「放浪記」。この森光子のことを「あんなものパ×パ×じゃないか」と言ったのは三味線漫談の玉川スミ師匠。「吉本ではわたしのほうが上よ」というのがあったのでしょう。池袋で肉豆腐を食べながらの昔話、吉本時代の話など、録音させていただいた。大御所ぶった斬りのスミさん、可愛かった。桂子師匠が旦那連れて池袋のデパートに入って行くのを見つけて「おい、おケイ！」には驚いた。これも藝歴ではわたしが上というのがあったのでしょう。五代目小さん師匠の最晩年ですが、藝協の芝居に出番がないのに浅草にやって来て、あっちへ行ったり、戻ってきたりしているのを見て、「あの男、何やってんだ。浅草に女でもできたのか」って、人間国宝をあの男呼ばわり。「こっちは戦前からの藝人だ」というプライドがあったのだろう。藝能生活八十五周年やったり元気だった。最後まで松ずくしはやっていた。

御園座と大須演藝場が近所にあること、これは大きかった。テレビ、ラジオというよりライブであるという意識が植え付けられるのである。

松竹新喜劇、藤山寛美さん何カ月連続の奮闘公演、年二回、名古屋に来る。ここも脇がいての寛美だ。千葉蝶三郎、これほどまでの藝達者を見たことがない。「愚兄愚弟」の園藝商の高橋、あのとぼけた味はいまの新しくなった新喜劇ではできない。それこそ無形文化財的な藝である。八木五文楽、伴心平、小島慶四郎、この人はいまもがんばっている。好きだったのは長谷川稔、「愛情航路」の船員、これは泣ける。女優陣では酒井光子と鶴蝶の二枚看板。わたしは滝見すが子が贔屓。「たそがれの虹」の奥さん、「おやじの女」の酒井との丁々発止、これは確かビデオで映像が残っている。老漫才師とその弟子の人情喜劇「鼓」、これはわたしのツボだ。八木五文楽がいいし、主役ではなく道化役で出てくる寛美がいい。寛美さんの芝居は、公演がハネて、お客さまが帰っていくところを見ていると、もう実に楽しそうで、みなさんご機嫌なのである。きょうの芝居の感想を口々に言って、それはもう嬉しそう。これだけ多くの人を楽しくさせて喜ばせて帰すことのできる藤山寛美の凄さを痛感するとともに、こうやって帰っていくお客さまの姿を見ながら、こんなふうに笑いを提供できることをやってみたいなあと子どもごころに思ったものだ。

ガラッと変わって新国劇、こちらは島田正吾に辰巳柳太郎。新国劇の十八番「瞼の母」、これは島田の芝居、母親は劇団の母、久松喜代子、かろうじてこの人に間に合っている。中学校に入ったころだから、これは記憶が鮮明だ。もう九十近かったと思う。ここの芝居で「一本刀土俵入り」これもツボ。この芝居も脇がいいと締まる。船大工で出てくる岡泰正、二、三分の芝居、渋い声を聞かせる。名古屋でもやっぱり客筋が良かった。万年青年、英太郎はもちろん初代。軸になる人だが、新派にきてからは脇一筋。新派は昔は女方が多かった。成田菊雄、上田茂太郎など。「京舞」を思い出す。伊井義太郎、春本泰男、島朗、中田佐一郎、一条久枝……みんないない。こういう人がいないと芝居が成り立たない。新派にしても新喜劇、新国劇もいまもかたちを変えてがんばっている。どれもが全盛時とはかなりの差がある。新喜劇に至っては、台本自体がいまの時代になかなかついていかないようなところがある。大阪の「にわか」といってもいまの人には通じない。落語の世界も同じようなところがあるかもしれないが、古典落語はいまも大丈夫である。十二分にいまに通じているのが強い。

古き良きものが通じない。良きものというのは、笑いでも藝の質でもその頃合いというか、醸し出す味が、いまの風には合わないということなんだろう。残念だけどそれは仕方がないのであろう。

中日劇場へ行くと、喜劇「雲の上団五郎一座」、劇中劇「お笑い山崎街道」、これはいまや伝説的なコント。由利徹が定九郎、これに付き合うのが与市兵衛の佐山俊二。由利さんはもちろん達者だが、佐山さんが可笑しい、可笑し過ぎる。浅草の軽演劇、ムーランルージュ系はさすがに動きがいい。軽妙に笑わせ動く動く。まさにコントの中のコント。由利さんの相手は、佐山さんが亡くなって南利明や石田英二やこのまえ亡くなった浅草の橋達也などがやったが、ここは佐山さんでないとダメ。そこまですごい。ビデオがどこかに残っていると思う。噺家がそのままやっているが、とうていかなわない。由利徹と佐山俊二にはかなわない。これは喬太郎師匠と同意見だ。

そんな佐山さんも「サザエさん」の波平を当たり役で後年やっていたが、この役となるとやっぱり森川信だろう。森川さんだと、ふね役の清川虹子と夫婦でいつも一緒に寝てるんだというのが見えてくるんだと、ある演出家の言葉。喜劇にはそれぞれ当たり役があるのだ。

「権三と助十」、これも抱腹絶倒のコント。ここの石田英二がいいこと。この人も貴重な藝人だった。名鉄ホールは劇団喜劇、大村崑、谷幹一、石井均というキンコンカンコンコンビ。花登筺作品の常連、石井均も藝達者。この人の弟子に西川きよしがいる。佐山さんじゃないけど独特の動きがいい。「あかんたれ」「どてらい男」等、重要な役回りでテレビによく出ていた。花登作品ではやはり三浦策郎、この人も古い。

歌舞伎は年に一回、名古屋の顔見世は十月だ。楽屋から出てくる役者を追っかけた。利根川金十郎、市川升之丞、加賀屋鶴助、尾上多賀蔵……渋いでしょ。もうストーカーだ。村田幸三郎なんていう役者、これは東京では見られない役者、歌舞伎座には上がれない。こうなるとますます興味を抱き、追っかけまわした。役者さんはずいぶん迷惑だったろう。高麗屋に松本染升という役者さんがいた。器用で東宝の映画にも出てくる。浜松屋の引っ込みに出てくる按摩さん、これが持ち役。

楽屋から出てきた染升さんに「按摩、良かったですよ」と声をかけたら、「ありがとうね。あんたよく知ってるね、子どものくせに」だって。おかしな小学生だ。

思い出すままに、市十郎、「籠釣瓶」の幕開きに出てくる白倉屋の万八、多賀蔵さんなら「浜松屋」の手下、悪次郎、紫屋(金十郎)はなんといっても「浜松屋」の番頭でも源也店のほう。鶴助さんは大成駒の後見。合邦の講中もいい。鶴助さんは落語の「きゃいのう」に出てくる「とっとと出ていきゃいのう」の最初に台詞を言う人。こういう役回り。ちょっとややこしいか。「髪結新三」の鰹売りは助五郎さん、菊五郎劇団なら新七の持ち役。子どものころよく真似をした。助五郎と四郎五郎、新七は多賀蔵、これが御神酒徳利。格がずっと上がるが、先の市蔵さん、わたしのものごころがついたあたりからの贔屓。御園座の脇の納屋橋の旅館の前で一緒に写真を撮ってもらった。一朝師匠のおかみさんのお父上。「助六」の股くぐりの田舎侍、これもいい味だ。釣鐘権八、河内山の北村大膳は当たり役。おかみさんとは片市の話で三時間ぐらいはしゃべっていられる。落語会の受付をしながら、おかみさんと話に夢中になってしまってお客さまにこっぴどく叱られたことがあった。

歌舞伎は、落語を聴くために観に行ったというのではなく、先ほどもお話ししたように古典的なものに対する嗅覚があったので、落語も歌舞伎も同時期に自分のなかに入ってきたんです。確かに落語を聴くのに、歌舞伎とか、いわゆるほかのジャンルの古典藝能を知っておくと、ただ落語を聴いていてもものすごく鑑賞の幅が広がっていきます。ほら一之輔師匠のあの上がり(出囃子)、いま「髪結新三」のあの出に使われている曲でしょ……という具合、なんでもつながってくる。ただ、子どもの頃は、名古屋だから年に一回しか来ない。これが待ちどおしくてね。十月の顔見世だけ。招き上げもある。一度、寿海が来るというので絵皿に市川寿海という名前を入れてプレゼントするつもりで楽しみにしていたが、高齢で腰痛を悪化させ休演となりがっかりした。「対面」の工藤、これは八代目三津五郎が勤めた。演目が昼夜八本、三津五郎丈、このうち、なんと七本に出演、出ずっぱり。わたしも興奮して学校で「たいへんだよ、三津五郎、七本出ずっぱり!」と言っても誰も聞いてくれない。友だちからは完全に疎外されてしまった。歌舞伎の話を聞いてくれる人は誰もいない。当たりまえですが。

珍しく中日劇場で「建礼門院」が出た。歌右衛門、鴈治郎のコンビで話題になったやつ。延若、芝翫、福助などが顔をそろえる。

同級生の佐藤君、なんとか話が合う唯一の友だち。名古屋の真ん中で小さな旅館をやっていて、いまはなくなったが有名な宿。よく遊びに行って、きょうは鶴の間であそぼ、なんていいながら。この子から電話があって「いま、成駒屋をはじめ、男女蔵さん(いまの左団次さん)、片岡我童さんもいるよ。あと清元の連中、毎晩麻雀やってるよ、来る?」と言われて、もう有頂天で家を飛び出して、いつも遊んでる鶴の間にほんとうに歌右衛門がいた。このとき、静かなたたずまいの初老の小柄な人が片岡我童丈であった。「封印切」のおえん、「河庄」の女房、花車方はこの人の専売特許。

この役回りはいま、秀太郎さんか。晩年でも仁左衛門相手に夕霧をやるくらい最後まで老け役がまわってきても受け付けなかった。その姿は古風優雅で錦絵を見ているようだと評された。「建礼門院」で最後の幕で出てくる内待を上品に演じていた、これがまた美しい。東京に出てきてから追っかけようとしたがなかなか出てこなかった。あとで聞いたら仕事をそんなふうにして断っていたみたいだ。六段目の一文字屋のお才、それと最後に見たのは団十郎襲名の「助六」の満江、珍しく出てきて口上やって、三カ月興行の最後の月に満江やった。おそらく最後だろうと、この目に焼き付けた。

ライブで目に焼き付けるのはいい。藝はその瞬間に消えてゆくもので、ビデオやテレビで録画して見ていてもつまらない。とにかく、ビデオ収集とか録音というものは子どものころからやらなかった。

正直者、十年早く生まれてきたかったとつくづく思う。いまの笑いに無理にチャンネルを合わせると、どうしても無理が出てくる。これは好みの問題なのでどうしようもない。雛壇でギャーギャーわめき、オーバーアクションを交え、立ったり座ったり、なんとかここで目立ち、この場に貢献したいがため、言われたとおりのキャラクターを演じる。どうもこのキャラというのが嫌いで。五月蠅くてテレビを消してしまう。いまの笑いには藝がない。これは落語にもいえるのだが、全部楽屋符丁をさらしてしまう。ガチとかテッパンだとか、ノリツッコミとか全部さらしてしまう。「それ、キャラでないでしょ」とか平気で言っちゃうし、楽屋がそのまま雛壇に変わっただけだから、もうそこには藝なんていうものは存在しない。ある若手の噺家が「大家さん、そこでボケないと、この場がしらけますよ」という台詞、これはいただけない。まあこれはわたしの生理に合わないということかもしれないが。談志師匠がラーメンズのコントだかなんだかを見て、「いいのはわかるが藝能になってない」と言ったが、これは同感だ。

昭和三十五年生まれのわたしとしては、そういう意味では、早い時期から古典藝能、諸藝の数々に目覚め、藝の至宝に出合えたのはラッキーだった。いま、生業にしている落語会企画の仕事についているのも偶然ではないことなのだ。

直接師匠方から貴重なお話も聞くことができた。

玉川スミ師匠、わたしの祖父が大須で写真屋をやっていて、よくおスミさんの写真を撮ってあげたそうで、その由でずいぶんかわいがってもらった。吉本の古い話、わたしは昔の藝人をどんどん上げていくと、次から次へとこの師匠は、大看板あれはダメ、あれはドサ、この人は別格、あの師匠は戒橋松竹の看板とか、二、三時間、池袋の千登利で肉豆腐を食べながら聞かせてもらった。白山先生、こちらは電話で長時間。浅草の大木で食事したあと、馬車通りを、墨東キネマの滝口さんと三人で歩きながら、子どもの頃、お母さんのことを話してくれた。珍しい人情物語。二人で先生を送ったあと、なんだか涙にくれた。白山先生よく「あんまり生意気だから玉川スミに大声で怒鳴ってやったら、スミさん泣いちゃってね」ってスミさんの話をする。なんだかちょっとこれが自慢話らしい。

談志師匠とは最晩年の十年間、ホントによくお話させていただいた。場所はいつも中野坂上の懐メロバー「艶歌」。恐ろしいばかりの数のSP版、ご主人の吉野さん、日本一の昭和歌謡マニア。吉野さんが亡くなったあと、このSP版のすべてが市馬師匠宅にある。家元、このことをたいそう褒めていた。よく引き取ってくれたって。

この「艶歌」で歌うまえに小一時間、家元の話に耳を傾ける。どんどん質問を投げかける。これがストライクゾーンに入ったのかご機嫌で、家元からわれわれ、昭和歌謡の林田さんと二人、ハマっていた。携帯電話に留守電が入ると、これがなかなか消せないのだ。話は尽きず、オカッパル(岡晴夫)を歌って、いい心持ちで小山さんの車で送る。この人、家元の文通相手。映画の収集家で家元に資料となるものを毎月送っていた。一度、ガレージセールで小山さんからもらった映画のビデオを間違えて家元、小山さんにサインつきで五千円で売った、これは笑い話。

はなし脱線、雨のなか、今度は家元が根津のマンションの前でタップダンスで見送ってくれる。もちろん、アステアなんだけど、「家元、それ中野ブラザースですね」と言うと、「あの野郎まだ生きてんのか。南風カオルはまだやってんのか」ってまた話が始まる。林田さんと夢のような夜を何度と過ごさせていただいた。亡くなる三年前か、家元から「吉野さんがあれして…あとは加藤よ、歌謡曲のことは頼んだぞ」って留守電、これは消せない。どうしたものか遺言を残してくれた。歌謡曲のことを頼まれてしまった。談春師匠に後年、こんな話をしたら「それはあなたに落語会のことと頼んだよということ、そう理解したほうがいいよ」と言ってくれた。

どちらにしても嬉しい。やっぱり歌謡曲のほうがいいか。


いまのわたしに影響を与えた諸藝、もちろんライブで体験したもの。

まずは桜川末子、松鶴家千代八の漫才。女性同志の漫才コンビの元祖的存在。大須演藝場で初体験。たしか出番は大須では珍しくヒザだった（大須は漫才か歌謡ショーがトリ）。トリネタの「江州音頭」の千代八との掛け合いは、いまの言葉でいう「神」、もうこれぞ神。すごいすごすぎる、歌い語りテンポアップしていくんだけど、これが神業。これに千代八師匠が三味線を合わせる。見事に合わせる。こういうのが無形文化財なんだけどなあ、こういう藝をちゃんと見てほしかったし、評価してほしかった。わたしは幸せだった。もう一度、生で見られるなら、百万円払ってもいいと思っている。これは大きく出たね、そんな払うわけがない。

東富士夫先生、言わずと知れた曲技の先生。ひと言も発せず端正な藝を見せる。ボンボン先生とおんなじ。これもトリネタ、これが至藝。両手で皿を回しながら、頭の上に一升瓶、これをだんだ側頭部にもっていく、そしていよいよその格好で逆立ちする。ここまで十二、三分。客席が固唾をのんで見ている。成功すると万雷の拍手。寄席一番の拍手だろう。これは人気噺家でも勝てない。疲れ果て、やれやれという先生の顔がいまでも思い浮かぶ。

新宿なんかでは、高座をおりたあと楽屋に向かって「お先でした」なんていう、かすれた声が聞こえてくる。これが富士夫先生の声なのかと思ったものだ。七十五歳くらいまで勤めてしばらく見ないなあと思ったら、小さく新聞に訃報が載った。哀しかった。

さてどん尻は、最後にどうしても伝えておきたい藝人さんがいる。この師匠方は、上方漫才史を語るうえで重要な位置をなす人である。上方漫才の祖、横山エンタツ・花菱アチャコから恐れられた藝人、つまり「この人のあとに上がるのは勘弁してほしい、そう思った唯一の藝人」と称せられた、佐賀家喜昇、旭芳子のご両人である。通称おとろしや。

わたしの自慢は、この伝説の漫才師にぎりぎり間に合っているのである。大須の後半期のレギュラー的存在。大須の衰退期にかかる昭和四十八(一九七三)年以降によく出ていた。つまり、喜昇師匠の最晩年期ということになる。とにかく、この人を追っかけまわしたものだ。大須の境内にある大須ストア、コンビニの元祖みたいな店、ここに夕飯の食材を買いに出かける師匠のあとを追ってついていく。声をかけたくても勇気がない。泣く泣く店を出て、離れてついていく。楽屋口へ消えていくまでずっと見ていた。

出演中は必ず、大須の客になった。最初、浪曲のものまね、秋水、奈良丸、梅鶯……なんでもござれの声色。「毎夜毎晩の読み疲れで……」、すかさず相方の芳子さん「生意気なこと言うな!」。この掛け合いが可笑しい。似ているのかどうか子どもだからまったくわからない。続けて八木節など二、三藝を披露して、芳子お師匠さんが「宮津節」「越後獅子」を披露。太鼓はもちろん佐々木さん（大須の太鼓番）、そのあと喜昇師匠が口三味線、これはただ口真似で三味線演奏するだけの藝、内容なんか何もない、ただ騒がしいだけ。ここまででも、ゆうに三十分はかかる。ひと息入れて、あてぶりで踊りを、鬢のほつれ、祇園小唄、たまに酋長の娘なんかを踊ってお開き。このあたりで客席から声が飛ぶ。「キーやん、頼むで。もうおしまいか⁉」「キーやん、藝惜しみ！」これがすごい、大阪からも贔屓が来てる。大須でもご贔屓がたくさんいる。

客席後方から先の席亭の娘さん、足立さんの前の樋口さんのほう、こちらが祝儀をつけると、いよいよ十八番、磯節。「おおきにすみません。ではお終いは磯節、いきましょ」、芳子師匠「あんたまだやるんかい」。八十近い老藝人をやさしくたしなめる。うずら豆のような芳子師匠の顔がかわいい。新磯節にのって、いざりの乞食の藝。これはテレビでは見せられない。究極のドサ藝、これが本物か、これが昔の漫才かと、この時代でギリギリ間に合って、実際に見ている自分がどれだけ幸せだったか。佐賀家喜昇、通称おとろしや。あれから四十五年経って、いまなお、その高座が脳裏に焼き付いて離れない。このことはどうしても書いておきたかった。

この御三方がわたしのライブ体験ベスト3でございます。落語が感動の高座ベスト3に入ってこないところが、落語という藝能はそういう藝能であることだと、よくわからない説明だが、そういうことなのである。

藝人さんの死って無性に哀しんですよね。人を笑わせ楽しませてくれる人だから、余計に哀しい。小学校のとき、喜劇役者の若水ヤエ子が亡くなったと聞いて嗚咽するように泣いて、親に「あんたそんなに好きだったの」って慰められて、おかしな話だ。ミスワカサのときはもう放心状態。若いんですよね、四十代だったと思う。大阪は天才的な女藝人が出る土壌にあるんですね。ワカナ、ワカサ、ミヤコ蝶々、今喜多代、海原お浜、京唄子……唄子さんはいまどうしてるのか。見ないですね。喜多代さんも天才。談志師匠に「家元の落語のなかに出てくる女は喜多代さんでしょ？」と尋ねて、家元「そのとおり！」と即答。これを見つけたのはわたしが最初なんです、これは自慢話。喜多代師匠はついこのあいだまで元気でいらした。お浜さんはもちろん、小浜さんももういない。小浜さんの孫、海原やすこ・ともよ、これはいい。久しぶりにわたしの好みに合った藝だ。偉そうだが、このコンビもう若手でなく中堅だ。市馬落語集のゲストに呼びたい最右翼である。

市馬落語集のゲスト、いわゆる色物の藝人さん、いまの落語好きは、この色物が邪魔になるという人が多い。とにかく独演会は○○師匠狙いなのである。それでもこちらとしてはなんとか見てもらいたい。家元のひとり会は家元の好きなゲストを呼んできた。「そんなに俺(談志)の落語が聴きたいなら、その俺が心底惚れぬいた藝人の藝を見てくれ」ってな具合で、それは一流の藝人が出てきた、ありとあらゆる藝能の。ただ、独演会に色物を呼ぶ。それも寄席で見られる色物をでは少々ひねりがない。わたしがやっている色物の先生を呼ぶ落語会もそんなふうに工夫している。

わたしが落語会をやる原点は、「こんな美味しい店を見つけた、あまり知られたくないけど、あそこにこんな店があって、これが店構えは汚いけど客筋がいい、味はもういうことない、ぜひ行きましょう」なんて薦める。そんな落語会をやることなのである。

エゴでしょうが「加藤さんの企画はいいねぇ！」と心底褒めてもらえる、そんな賞讃がほしいでしょうか。どうあれ、好きなことしかしないということは確かです。

理想の会は、どんな会場でもいいですよ。いまやっている赤坂倶楽部、これ二十日でもいい。圓楽党のやっている両国亭は月の半分というから十五日間だったか、やっぱり社長が相撲好きときてるんで十五日が千秋楽。十日でもいいから連続でやりたいです。もちろん三味線、太鼓を入れて。こうしていくとだんだん夢に近づいてくる。いまでも太鼓がないところは、わたしがひとりで太鼓をかかえて持っていく。それと七つ道具。受付用品など、大事なのは「オタロ」。お金ですね。これは肌身離さず。それと当日のプログラムにチラシ挟んだもの。これが重たい。振り分け荷物の東海道だ。太鼓なんて入れなきゃいいというのは、あまりにもわたしのことを知らなさすぎる。この音と三味線が聴きたいから、この仕事をやっているといっても過言じゃない。やっぱり、それおかしいでしょ。大阪に行ったときも現地調達しないで、全部東京から持って行った。お囃子のお師匠さんもこっちから連れていくとなると、それは経費も手間もたいへんだ。採算も何も考えてないって、税理士さんに叱られる。

出囃子にのって、紙切りの師匠が上がる。ここは下座の腕の見せどころ。客席からの註文に応じて丁寧に切り抜いていく。当代正楽師匠、独特の動きだ。ご常連から声がかかる。「相合傘」の註文にすかさず三味線の師匠が「春雨」を弾く。このあたりはもちろん即興。客席からの註文は歌舞伎ネタが多い。「藤娘」「勧進帳」、一度「烏」という註文に「赤城の子守唄」を弾いた下座さんがいたのを覚えている。「花嫁さん」という註文には、童謡「花嫁人形」とまあ自由自在。これを何気なくやっている。ほとんどの人は気が付かない。このいたってどちらでもいいようなところに、いや重要なのだが、そういう目につかないところに気配りしている。起きていることが全部つながっている。そういう場所である寄席がたまらなく好きなのである。

その日の開口一番から、藝人さんでいえばまだ寝ている十一時頃に上がる人、新真打ち、中堅、ベテランで仲入り、色物があってトリの登場という番組構成。この序列順ではなく、微妙にいじった構成。これがまた絶妙で楽しい。番組を見ただけで、これは鈴本、これは池袋というのがわかる。新宿、浅草を含めて、それぞれの色を残している。漫談家の南けんじさんに聞いたことがある。噺家さんはもちろん、俺たち藝人でも話し方、浅草と新宿では微妙に変えているんだよ、と。何キロも離れていないのに、この気遣いもいい。

その昔、スケジュール帳が真っ白のときがあった。サラリーマン時代のこと。これが埋まらなくなっていくと不安で仕方がなかった。不安を回避するために、どうでもいいようなことを見つけ、飲み会だ、食事会だ、合コンだってスケジュールを埋めるために生きていた三年間があった。スケジュールを埋めて、ただ生きてるっていう実感を味わった気になるだけで、そんななんとも空しい生き方をしていたことがあった。平成元年のあたりだ。毎日の仕事に追われ、寄席、落語会など行く暇なし。無理矢理、東京出張を入れて、寄席へなんとか滑り込む状態だった。「寄席が呼んでいる」と言いながら、この時点で会社に辞表を提出していた。

いまはこのスケジュール帳、これが真っ黒。少しでも隙があれば、赤坂倶楽部に入れちゃうという具合で、ほぼ毎日、落語三昧だ。休日と仕事の境目がない。忙しかった営業マン時代と何が違うかって、いまはほとんど遊ばしてもらっているということだ。目標も何もない。瞬間瞬間をただやれることを、好きなことをやっているだけなのである。いくら過密なスケジュールといっても、朝起きたとき「きょうはどこへ行くんだっけ?」ということは絶対にない。前々日から準備に入り、当日の朝はいまだに緊張感がある。これは五年前から変わっていない。雨が降らないか、お客さまは来るか、師匠たちは元気なのか、機嫌が悪くないか、キャンセルは出ないか、楽屋の弁当をちゃんと頼んだのか、個数は足りるか……ドキドキものだ。やはり、仕事というより好きなことだからであろう。この緊張感がなくなったり、惰性でやるようになったら、この生業を辞めるときだと思っている。

ほんとうにバカがつくくらいこの世界が好きなんだろう。

また話は飛ぶが、学生時代のこと、その頃、ディスコブーム、ワンレン、ボディコンの女の子がステージで破廉恥な恰好で、ハレンチって古いね、まあそんな時代。女の子が合コンしようって積極的なお誘い。これを男なら断るはずがない。ところがわたしは、このチャンスをいとも簡単に逃すのである。合コン当日、勝負服を着て、髪をセットして準備万端、家を出る瞬間に思いついた。この日は含笑長屋の「林家正蔵独演会」だったのを忘れていたのだ。机のなかからいただいた葉書に、「中村仲蔵」「牡丹灯籠」、不朽の名演をお楽しみくださいとあれば、これはもう「林家」をとるでしょう。それもこれが名古屋は最後だという雰囲気が漂ってくるのだ。わたしはボディコンをとらずに林家を選択するのである。

これが一番誇れる、わたしの究極の自慢話なのである。やっぱりバカですね。

いつまでこの仕事を続けられるのだろう。

わたしはつい最近まで、自分が二十代そこそこの気持ちで働いていた。太鼓やチラシを振り分け荷物にして地下鉄の階段を上って、少しばかり走ったらもうダメ。走れないことに気付いた。五十代ももう後半となれば当たりまえのことかもしれない。いい年になったが、心のなかは小学校時代に落語や歌舞伎を見ていたころと少しも変わってない。早熟だったがそのままできているような気がする。

このところ、よく取材とかインタビューを受けることが多くなった。落語会を運営されての苦労とか、今後の目標、落語を広めるためにどんなことをやるのか。あるいは多いのが後継者をどうやって育てるのか……云々。

そんなこと知らない。落語を世に広めるためにやってません。苦労もないし、わたしは自分勝手で好きなことをやっているだけ。第一、落語なんてあんなもの、根を詰めて聴くもんじゃありません。わたしなんか落語なんて年に一、二回、それもふらっと寄席に入って聴くもんじゃないですかなんて言ったら、インタビュアーがICレコーダーのスイッチを切ってしまった。「もう一度、もう少し肯定的にお話していただけませんか」だって。

そんなあんたの意図するようなところへはこの話はいきませんよって、それでこのインタビューは終了。なんだか不服そうに帰った。ああ、めんどくせぃ、まったく！

うちのカミさん、この人、ほんとうによくやっている。いま、事務所の代表だ。わたしは落語会のほう、カミさんは市馬師匠のマネージャー。こっちのほうはわたしは一切タッチしていない。カミさんはわたしと違ってこの世界のことはまったく知らない。一から覚えてやっと会社を立ち上げた。車の運転、送り迎え、仕事の管理、あるときは食事をつくったり、市馬一門の弟子の相談相手になったりしている。これは人の心の痛みがわかる人だから大丈夫。暮れから正月までがますます忙しくなる。上野やって浅草、またどこかへと二十日まで続く。浅草まで送って合間に蛇骨湯に入って、疲れがどっと出て、しばらく立ち上がれないことがあった。休日はないが、合間を見て、クラシックコンサート、能、歌舞伎、プロ野球……あと昔ならカラオケ。

なかでも銭湯がやっぱり一番。高層マンションから毎夜毎晩、手ぬぐいを持って出ていく。マンションのコンシエルジュの女性は多分、あの夫婦、スポーツジムかゴルフの練習にでも行っているんじゃないかと思っているのではないか。間違いなく、あのマンションで銭湯にかよっているのはわたしたちだけだろう。そんなところへ行くものかって言いながら今夜は蛇骨湯、明日は燕湯、世界湯、清水湯、湊湯……ガラス湯って、これは懐かしい、浅草にあった。演藝ホールの杉本さんに教わった。「あそこの湯は柔らかいよ」って、杉さんにわかるわけがない。ずっとずっと昔の話。杉さんいまも元気だ、多分。

きょうは浅草で「一朝会」、一朝師匠の独演会。受付にいると見番の重厚な太鼓の音が聞こえてきた。開演五分前の二番太鼓だ。笛の音が太鼓の音に絶妙に絡み合う、いい音だって、あれっ！　一朝師が笛を吹いている！　これは席亭冥利に尽きる。こんな贅沢なごちそう。二番が終わると、客席はすでにわかっているんですね。これに拍手が起きた。珍しい光景だ。

わたしは終始ご機嫌で見番から師匠を見送った。

帰ってから中日ドラゴンズがまた負けたというのを確認して、怒りながらすぐに銭湯に行った。燕湯のあの熱いほうの、左にあるほう、どっちでもいいか。とにかく熱い湯に浸かりながら白山先生ばりに「レイホー〜♪」と歌って、湯上がりにはビールといきたいがリンゴジュースで締める。

やっぱり銭湯は裏切らない。

おわりに

《オフィスエムズの加藤浩さんとの付き合いも、いつの間にか、長くなった。

思い出してみると、最初は、春風亭一之輔さんの寄席での真打ち披露のチケットをすべて取り仕切る話を一之輔さん本人から聞いたことからだった。落語家さんに、ここまで信頼されている人はどんな人なのかという興味があった。落語家さんに会い、加藤さんの名前を出すと、その誰もが、褒めた。どんな人だろうかとさらに興味がわいた。加藤さん本人に会ってみて、一度で納得した。思っていた通りの人だった。この人なら、誰もが信頼すると思った。

この人の落語に対する情熱を聞いてみたいと思った。会ってみると皆が言っているとおりの人だった。それからだから、付き合いが長くなった。

どんな時でも、変わらない。見ているとと相手がどんな人でも、態度を変えることはない。落語の世界で、これからも、加藤さんのやる落語会を見ていれば大丈夫だと思う。

かつて、加藤さんをはじめとして、そのころ都内で落語会を主催している人たち数人で、一週間、同じ会場でそれぞれが企画した落語会をやって、お客さんにその優劣を判断してもらう会ができないかと相談したことがあった。会場や一部の人の事情などで、それは実現はできなかったが、加藤さんは今でもそのことを覚えていて「あれ、やれないかな」と、懐かしむようにつぶやいた。自身の落語会に自信を持っているのは当然だが、それ以上に、さまざまなお客さんに自分の落語会を見てもらいたいという熱い気持ちがあるからだ。そのときに積極的だったのは、加藤さんと今は独立して「いがぐみ」をやっている五十嵐秋子さんだけだった。おふたりとも自分の落語会に自信があるのだと、ああ、この人たちは本当に落語が好きなんだなあと思った。

他人のことを批判しない加藤さんだが、落語のことになると、その情熱を持たずに、落語会をやっている人に対しては、その言葉は厳しい。落語が好きだから、そうしたことには厳しく批判をする。それでも苦労が分かるから、最後は優しい批評になる。

加藤さんの落語会を一緒に見ていて生の太鼓の音がすると、加藤さんの表情が変わる。嬉しそうだ。落語会の主催者が、落語が好きかどうかはすぐに分かる。加藤さんは、いくら忙しいときでも、必ず高座の様子を後ろから、少しの時間でも見て、お客さんが喜んでいるかどうかを気にする。このために、落語会をやっているという加藤さんの言葉がよく分かる。誰よりも落語が、好きで、さらにプロだからこうして、続いている。

落語が好きなことが一番だと、ことあるごとに加藤さんは言う。その情熱はいつまでも変わらない。知り合ったころよりも、忙しさは何倍にもなった。それでも自分を見失うことはなかった。話していいて、つくづくそう感じた。それはやはり落語が好きだからだ。理想とする落語会もしっかりとあった。それは自分がどんな落語が好きかということがはっきりしているからだ。それが自身の落語会にも、純粋につながっている。落語というものをまた、考えさせられるきっかけにもなった。

落語は人なり。落語家も人なり。なによりも、落語会を主催する人もまた人なりだ。落語ブームがある。テレビドラマで火が付いたり、人気落語家が出てきたりと、そのきっかけはさまざまだ。落語会は落語家だけではできない。そこには落語を主催する人が必要だ。そうした陰の人たちがいて、会が支えられて、今、われわれは落語をごく当たり前に楽しむことができる。

「いつからこんなに落語会の回数が多くなったのだろう」と、加藤さんは言う。その加藤さんの力は大きい。加藤さんにならって、落語会をやっている人も多い。

「加藤さんの本『席亭志願』が落語会をやるときの師匠です」と言った人が何人もいた。

それでいて、常に表に出ることはない。楽しんでいる。育てている。支えている。考えている。憂えている。加藤さんは今後も、落語を楽しみながら、会を続けていくだろう。それをわたしも見つめ続ける。そこには、常に生の三味線と太鼓の音がしていることだろう。

《北野麦酒》

参考図書

『会長への道』鈴々舎馬風著（小学館文庫）
『五代目小さん芸語録』柳家小里ん・石井徹也著（中央公論新社）
『古典落語　小さん集』柳家小さん・飯島友治編（ちくま文庫）
『古典落語　大尾』興津要編（講談社文庫）
『さわりで覚える古典落語80選』柳家小満ん監修・野口卓著（中経の文庫）
『昭和戦前傑作落語選集』講談社文芸文庫編（講談社文芸文庫）
『新宿末廣亭うら、喫茶「楽屋」』石川光子・石井徹也著（アスペクト）
『志ん生芸談』古今亭志ん生著（河出文庫）
『志ん朝の走馬灯』京須偕充著（ちくま文庫）
『席亭志願』越智多藁恵著（彩流社）
『文藝別冊　古今亭志ん朝　落語家としての生涯』（河出書房新社）
『落語の世界』五代目柳家つばめ著（河出文庫）
『落語手帳』矢野誠一著（講談社α文庫）
『落語家の居場所』矢野誠一著（文春文庫）
『落語藝談』暉峻康隆著（小学館ライブラリー）
『わが師、桂文楽』柳家小満ん著（平凡社）

そのほか、さまざまな資料を参考にさせていただきました。ありがとうございました。

【著者】

加藤浩

…かとう・ひろし…

1960（昭和35）年生まれ。落語企画家。大学卒業後、商社勤務、寄席勤務を経て、1999（平成11）年、落語会企画会社「オフィスエムズ」を設立。昭和歌謡同好会会員。岡晴夫を偲ぶ会全国最年少会員。中日ドラゴンズの熱狂的ファンでもある。

Sairyusha

席亭志願《せきていしがん》ふたたび

二〇一六年十一月十五日　初版第一刷

著者――加藤浩

発行者――竹内淳夫

発行所――株式会社 彩流社

〒102-0071

東京都千代田区富士見2-2-2

電話：03-3234-5931

ファックス：03-3234-5932

E-mail：sairyusha@sairyusha.co.jp

印刷――明和印刷（株）

製本――（株）村上製本所

装丁――中山銀士＋金子暁仁

執筆協力――北野麦酒

ISBN978-4-7791-2263-7 C0076

http://www.sairyusha.co.jp

フィギュール彩

〔既刊〕

⑱伊勢廣のおもてなし

おだ・ひろひさ◉文・絵

定価(本体1800円＋税)

食べることは生きること。良い素材を扱う業者を大事にするという初代の教えが今なお徹底されている焼鳥店「伊勢廣」。東京・京橋で九十余年営業の老舗は今も進化を続ける。

⑦百萬両の女　喜代三

小野公宇一◉著

定価(本体1800円＋税)

《稀代の映画バカ小野さんが、ついに一冊かけてその愛を成就させました！》(吉田大八監督)。映画『桐島、部活やめるってよ』の前田君に負けない映画バカによる「喜代三」読本。

⑫大阪「映画」事始め

武部好伸◉著

定価(本体1800円＋税)

大阪は映画「興行」の発祥地のみならず映画「上映」の発祥地でもある可能性が高い。1896年12月、難波の鉄工所で行われた上映会は京都での上映会よりも1カ月以上も早かった。